Afin de vous informer de toutes ses publications, Marabout édite des catalogues régulièrement mis à jour. Vous pouvez les obtenir gracieusement auprès de votre libraire habituel.

Sommaire

Luc Uyttenhove

DICTIONNAIRE DES RÊVES

PREMIÈRE PARTIE

Le théâtre des rêves

Les trois coups annonçant le lever de rideau ont été donnés. Le silence se fait dans la salle ; des projecteurs s'allument tandis que les bougies du grand lustre s'éteignent. Le spectacle va commencer.

C'est l'instant où le conscient s'endort dans la ouate et le creux du sommeil tandis que l'inconscient se réveille.

Et les rêves s'installent...

Qu'est- ce qu'un rêve ?

Selon que nos états d'âme se rapprocheront de ceux de *Corneille* ou de *Salvador Dali*, nos rêves seront tragiques dans leurs préfigurations d'un destin implacable, terrorisants dans leurs obscurs détours ou bien ils permettront de sortir du réel afin d'atteindre, par cette existence séparée, un monde nouveau et excentrique dans tous les sens de ce mot.

Entre ces deux extrémités, et plus simplement, nos rêves seront des moyens originaux et inattendus de réaliser nos désirs impossibles et une clé magique pour sortir de nous-mêmes en faisant vivre nos chimères.

Les dictionnaires nous donnent une définition sèche, éloignée apparemment de toute poésie : « *Le rêve est une représentation qui survient chez un homme endormi.* » C'est dans cet énoncé que le mot-clé apparaît : un rêve est une **représentation**.

Et c'est ainsi que tout en restant « *une production psychique insérée à la suite des activités mentales de la veille* », il devient le prétexte à un fabuleux spectacle.

Présentation et composition du théâtre des rêves

Le plateau, l'acteur, le spectateur, les décors, les éclairages....

Le *théâtre des rêves* est composé à l'image d'un vrai théâtre, d'un plateau sur lequel évoluent un ou plusieurs acteurs, d'une salle de spectacle où sont installés un ou plusieurs spectateurs, de décors, de figurants et de projecteurs éclairant tel détail de la scène.

Le magasin des accessoires est riche à l'infini de tous les paysages possibles, de tous les objets vraisemblables et invraisemblables, de tous les costumes... sans parler du fatras des animaux, des meubles, ustensiles et bibelots qui attendent dans les coulisses un ordre du régisseur pour apparaître sur la scène.

Le régisseur, les programmes

Les représentations du *théâtre des rêves* sont programmées par un régisseur — **notre inconscient** — qui choisit le thème du spectacle, les décors, les éclairages et les accessoires.

Le régisseur, selon son humeur, décide de la pièce qui sera jouée. Il a un choix infini entre les comédies, les tragédies, les intrigues, les vaudevilles, les mystères et les féeries. La pièce sera quelquefois à épisodes; d'autres fois, il y aura «relâche». Et de farces en drames, de pastorales en opéras, le rêveur vivra une autre vie pendant son sommeil.

Le spectacle et son langage, l'événement, l'éclairage

Les déroulements du spectacle ne sont pas ceux que l'on trouve dans un théâtre classique. Tout est extra-ordinaire dans le *théâtre des rêves*; notamment le *langage* et l'*événement*.

● Le langage

Le rêve étant le langage de l'inconscient, il est évident que les dialogues seront bâtis avec d'autres mots que ceux «de tous les jours». Le vocabulaire préféré du *rêve* est à base d'images, d'archétypes, de symboles, d'allégories.

Le rêve ayant comme fonction de «communiquer» un **message**, le vocabulaire se doit d'être «parlant», d'où l'utilisation de souvenirs personnels, de faits vécus, d'événements encore en mémoire... A cet effet, les dictionnaires des symboles, les dictionnaires analogiques, les recueils de proverbes et d'expressions populaires sont des indispensables outils de traduction du langage des rêves.

Le spectacle étant conçu pour le rêveur et pour lui seul, le langage sera personnel, voire secret pour toutes autres personnes, d'où les difficultés d'interpréter les rêves des autres.

Le seul moyen pour tenter d'expliquer ce que des mots peuvent dire, est d'utiliser des **symboles**. Cet autre langage que sont les *symboles* est une merveilleuse invention de l'âme. Les mots étant limités en nombre et ne pouvant pas tout expliquer et surtout expliquer l'inexplicable, soit les profondeurs de l'âme, l'infini des sentiments et les mystères des pressentiments, l'âme s'est créé un dictionnaire de symboles, une philologie, une langue personnelle bien vivante.

● L'événement

Le rêve ne raconte pas d'histoires banales et surtout il ne les raconte pas avec la logique que l'on aimerait trouver. La conscience, lors du réveil, ne retrouve pas, dans le déroulement des événements du rêve, le bon sens et la suite raisonnable qui la rassureraient. Le conscient admet mal les fantaisies irrationnelles et les phénomènes extravagants du rêve.

D'autre part, rêver d'événements qui n'ont pas encore eu lieu n'est plus du théâtre mais de la magie et le régisseur de nos rêves se fait magicien (dans le sens noble de mage) plus que bateleur de foire. L'événement — le scénario de la pièce, son intrigue — n'est pas choisi au hasard par le directeur des programmes.

Le spectacle — *le rêve* — a une utilité primordiale : créer une communication entre l'âme et l'esprit du rêveur, entre son inconscient qui a tant de choses à dire et son conscient qui ne sait pas grand chose et a souvent peur d'apprendre.

Comme les rêves reviennent pratiquement toutes les nuits, lors de chaque sommeil, et que la volonté du dormeur ne peut pas intervenir dans ce phénomène, il faut en déduire que l'âme a des raisons majeures pour vouloir entrer en contact avec l'esprit du rêveur.

● L'éclairage

Il faut accorder une attention particulière à l'*éclairage* du rêve. Comme peut le faire un *projecteur*, dont la mission est de balayer la scène du théâtre et de s'arrêter sur tel acteur, tel geste, tel décor, tel objet..., il convient de tenir compte, lors de l'interprétation d'un rêve, de l'espace éclairé, des fragments de tableau mis en évidence, des « rien » qui sont des « tout » et qui se trouvent dans le faisceau du projecteur.

A priori, la «mise en lumière» de tel détail pourra paraître hermétique mais l'art du rêveur sera de la rattacher aux autres composantes du rêve comme en un puzzle et le détail, apparemment anodin, deviendra comme un verbe dans le langage du rêve, par son contenu symbolique.

Le choix des représentations

Le rêve, en tant que spectacle, divertit le rêveur puisqu'il l'émeut et fait vibrer sa sensibilité : l'exposé brutal des sentiments enfouis, des passions brûlantes et des conflits psychologiques, ne peut laisser le rêveur indifférent.

Mais il y a plus qu'une représentation dans un rêve, il y a un message, un avertissement, parfois un conseil et souvent une consolation.

Le programme du théâtre des rêves propose trois grands spectacles :

— des rêves de situation, de vérité, d'information et d'avertissement !

— des rêves de compensation, des rêves-balance ;

— des rêves d'individuation, qui sont les «grands rêves» de la collection.

Rêve-situation

Le *théâtre des rêves* peut donner une représentation du type réaliste, une «tranche de vie» avec un souci de vérité et de réel. Pas d'optique théâtrale pour faire «bien», pour «faire plaisir»... mais des clichés, des gros plans qui disent : «voilà ce qui est».

Le langage du théâtre est alors « vrai » : il ne cherche pas à être délicat, à être chatoyant et il choquera par des images crues et impudiques. Toute vérité est bonne à dire pour le *théâtre des Rêves*, et il ne s'en privera pas.

Il restera au rêveur, lors du réveil, à mettre bas le masque avec lui-même, à se regarder dans un miroir et à accepter « toute la vérité » afin d'en tirer un profit pour le futur.

C'est pourquoi un *Guide des interprétations* est indispensable pour comprendre le message du rêve et pour que la vérité toute nue soit vue, dépouillée de sentiments excessifs et non-authentiques.

● **Exemple de rêve-situation**

○ *La personnalité du rêveur* : *Pierre* est un garçon séduisant, Don juanesque. Il adore plaire et est narcissique.

○ *Son rêve* : il entre dans un restaurant où sont installées de jolies jeunes femmes. Il leur sourit et avance lentement en calculant ses effets de séduction. Il se sent beau et irrésistible.

Soudain, il *boîte*. Il a une jambe plus courte que l'autre, la droite. Il s'appuie sur une table « comme si de rien n'était », mais il sait qu'il est difforme, qu'il ne pourra plus plaire.

○ *Commentaires* : huit jours plus tard, Pierre eut un accident et sa jambe droite fut fracturée ; depuis il boîte.

Le rêve, en plus de la prophétie assez extraordinaire, montra à Pierre qu'il n'était pas aussi séduisant qu'il le croyait.

Le *théâtre des Rêves* peut donner une représentation du type classique, tragédie ou comédie, au cours de laquelle des avertissements seront donnés. Contrairement aux drames romantiques, ces rêves ont une valeur de leçon, ils sont sérieux, et sonnent le tocsin.

Le principe étant que l'âme « sait tout », qu'elle ne peut être dupée et qu'elle cherche à être en harmonie avec l'esprit afin que le rêveur atteigne un état de grâce, fait d'équilibre et de paix, il faut accepter, sans chercher à comprendre outre mesure, tous les messages et tous les avertissements qui sont donnés par la voie royale du rêve.

Le *Guide des interprétations* sera un précieux conseiller dans le déchiffrage de ce type de rêve car des informations prévisionnelles, des conseils et des aides sur les routes à prendre seront à retirer de ces rêves enregistrés.

● **Exemple de rêve-avertissement**

○ *Le rêveur : Paul* est marié mais a une liaison passionnée avec une jeune femme. Cet amour le ronge corps et âme car la jeune femme est dangereuse pour l'équilibre de Paul et celui de son foyer. Cette jeune femme est en effet volage, capricieuse, avide de luxe.

○ *Son rêve* : il est couché dans un petit lit étroit avec une jeune femme qui pourrait « ressembler » à sa maîtresse. Il est mal à l'aise car des bestioles, des parasites (genre cafards ou cancrelats) se sont faufilés entre les deux corps. Paul est écœuré ; de plus les bêtes le brûlent, notamment au ventre. Il se lève et une chatte noire, toutes griffes dehors, s'échappe du lit.

○ *Commentaires* : L'avertissement est sérieux quant aux conséquences de la liaison ; le lit évoque des rapports sexuels avec une personne qui ressemble à... un peu de pudeur de la part du rêve !

Le lit est étroit, premier message : pas de place pour deux personnes, idée d'amour étriqué et mesquin, idée de restriction, d'étranglement.

Les cafards sont de la même race que les cancrelats : ils évoquent la tristesse — on dit « avoir le cafard » — le mouchardage, les liaisons suspectes.

Les brûlures, le feu de l'amour, les passions qui incendient et font souffrir plus qu'elles ne chauffent, sur le ventre — centre sexuel — signifient que la flamme amoureuse consume plus qu'elle n'éclaire.

Enfin, la chatte — symbole féminin négatif de l'agilité, de la félinité, symbole de la ruse et aussi de la clairvoyance de la femme qui sait ce qu'elle fait — a des griffes prêtes à faire mal. Paul est entre les griffes d'une femme qui l'incendie sexuellement, le trompe, le fait souffrir et le fera mourir à petit feu.

Rêve de compensation

Le *théâtre des rêves* est bienveillant. A côté des rêves-vérité, des rêves-avertissement, des grands rêves d'individuation qui ne sont pas toujours plaisants à vivre, le rêveur a droit à des *rêves-balance*, à des *rêves-compensation*.

Ces rêves sont irremplaçables; ils permettent à l'inconscient et à toutes les énergies psychiques «qui ne vivent pas» — pour des motifs qui sont à analyser — de s'exprimer.

Ces rêves ont un rôle primordial : ils équilibrent, font contrepoids, dédommagent le rêveur de ses faiblesses, de ses impossibilités et de ses manques.

Le rêve-balance permet au rêveur de vivre ses forces profondes, ses désirs, ses besoins souvent mal avoués et mal acceptés. Si ce rêve de compensation n'existait pas, il faudrait l'inventer pour libérer les énergies non-utilisées du rêveur qui risquent de l'empoisonner.

● Rêve de compensation

○ *La rêveuse* : Lucie travaille dans un bureau dont l'ambiance est pénible. Son directeur est autoritaire, grossier et, comme elle le pense tout bas : «elle ne peut pas le sentir».

○ *Son rêve* : elle est assise dans fauteuil grand comme un trône. Son directeur est devant elle : il est habillé en clochard et «il sent mauvais». Il mendie, mais Lucie détourne la tête. Elle a l'impression qu'elle se venge.

Rêves d'individuation, « grands-rêves »

Le but suprême du rêve est d'aider le rêveur à se réaliser, autrement dit à devenir *soi*.

L'être humain naît dans un monde, un pays, une famille... qu'il ne choisit pas et il reçoit une instruction, une éducation, une religion... qu'il ne choisit pas également. Il vit dans «une peau» qui n'est pas nécessairement la sienne et qui lui a été imposée.

A un certain moment de son existence, il est tout à fait légitime que l'être humain veuille devenir «*lui*» et non plus rester ce qu'il considère comme l'ombre de lui-même. Un processus de prise de conscience de *soi* est alors en route car une transformation est exigée par l'âme. Les rêves font alors les traits d'union entre les intentions profondes de l'âme, les vouloirs de l'inconscient et le conscient.

Que d'efforts sont nécessaires pour comprendre le message et pour admettre que «l'on est différent»; que la voie suivie jusqu'à présent était une fausse route!

Dans ce type de rêve l'énergie psychique est telle que le langage se fera encore plus «profond» symboliquement. Le contenu de la représentation sera «cosmique». C'est pour cela que l'âme, dans sa sagesse, utilisera des symboles choisis pour leurs évocations divines, célestes, lumineuses...

Pour exprimer la toute-puissance, le remarquable, le prodigieux, le régisseur du théâtre va chercher dans le magasin aux accessoires, les symboles les plus fondamentaux et c'est ainsi qu'apparaissent des archétypes comme l'Eau, le Soleil, l'Enfant, la Mère...

● Exemple de rêve-individuation

○ La rêveuse : Sophie a eu un très grave accident de la circulation. Elle a tout perdu : profession, amour, argent, santé. Elle se débat dans un procès qu'elle doit gagner mais elle est déprimée et angoissée. Elle attend que ses forces morales, psychiques et physiques reviennent pour commencer une « nouvelle vie ».

○ *Son rêve* : elle voit un enfant qui pourrait ressembler à un ange tant il est beau, souriant et auréolé de lumière. Il est dans un couloir et avance vers elle, lentement. Son corps est enveloppé d'un halo d'étoiles.

Il ne parle pas mais semble « vouloir dire quelque chose ». Sophie interroge les personnes qui l'accompagnent, mais personne ne voit l'enfant. Elle est la seule à voir cette apparition qui la remplit d'une profonde joie.

Le lendemain matin, elle se sent obligée de raconter son rêve que personne ne comprend.

○ *Commentaires* : l'enfant, la lumière, l'ange, l'apparition, le merveilleux, le divin... sont des archétypes annonçant une « protection » et l'arrivée , après une période pénible, d'un renouveau, d'une re-naissance. Le message est magnifique d'espoir.

● Quelques propos sur les rêves d'individuation

Parmi les pourquoi des rêves, autant il est aisé de comprendre les messages des rêves-avertissement ou des rêves-compensation, autant il est difficile d'admettre qu'un rêve puisse mettre un rêveur sur la voie d'une évolution spirituelle et psychologique et cela par une chaîne de clichés à long terme.

Et pourtant y a-t-il meilleur guide qu'un rêve ! Lui qui connaît mieux que son rêveur le cheminement de l'existence « consciente » de ce dernier et les substances de son inconscient !

C'est pourquoi le mot *individuation* apparaîtra souvent dans les interprétations des rêves, puisqu'il définit justement la route que doit prendre le rêveur pour atteindre ce point de perfection où les composantes conscientes et inconscientes de son psychisme ont trouvé la paix et l'équilibre.

Tantôt certains rêves mettront en pleine lumière ce

processus, tantôt quelques petites bribes de symboles annonciateurs de cette individuation apparaîtront en filigrane. Mais qu'importe s'il s'agit de « grands rêves » ou de « petits rêves », le rêveur ne pourra jamais échapper à cette évolution puisque, à l'image de la vie du corps, des cellules naissent, meurent à chaque instant dans une suite ininterrompue de petites vies et de petites morts programmées et cycliques comme une respiration.

Mais il y a une différence essentielle entre les exigences de la vie existentielle : boire, manger, créer... et celles de la vie, disons, spirituelle, celles qui préparent la vie d'après la vie consciente.

Or, les buts des rêves d'individuation sont de signaler au rêveur que le principe de transformation s'est déclenché dans son psychisme, qui le conduira jusqu'à être **un** — d'où le mot individuation.

● Quels sont les signes et les images-symboles indicateurs d'un processus de transformation ?

Comme s'il s'agissait d'une exploration hors du temps, suivons le guide...

Tout débute comme si le rêveur revivait la naissance du monde et de la terre, comme s'il se retrouvait des millions d'années en arrière, et cela par quelque magie de son inconscient collectif.

Apparaissent alors des images de déluges, de bouleversements cosmiques et de chocs titanesques ; la terre tremble, les feux rougeoient, des mers déferlent sur des rivages sombres.

Sortent des profondeurs des forêts et des cavernes des animaux fabuleux qui n'existent plus que dans des manuels parlant de préhistoire : diplodocus, mammouths, oiseaux et poissons gigantesques. Le rêveur voit ses instincts et ses forces primitives déguisés en fauves, en feux et en eaux bouillonnantes ; tous les archétypes de l'inconscient collectif s'entassent dans des intensités qui signent les « grands rêves ».

Puis, comme cela s'est passé dans l'univers, des temps de rêves apparemment plus calmes mais encore dangereux s'installent. Les hommes d'alors se mirent à bâtir des huttes, à fabriquer des ponts, à cultiver la terre, à dompter des bêtes. Dans le même esprit de souhait d'équilibre entre un passé cahotique et un futur fatigué de tumultes, il sera proposé au rêveur, de réaliser des tentatives d'équilibre et de communications avec des éléments moins déchaînés.

— *Le rêveur aura à franchir l'eau* du rêve sur des ponts, symboles de passage d'un état d'inconscience primitive à un état de semi-conscience secondaire; il devra nager avec l'angoisse d'un adulte nouveau-né dans une eau originelle.

— *Il lui faudra ne plus craindre le feu* en s'installant, nouveau Vulcain, près d'une forge ou d'un volcan, en regardant des horizons rouges d'incendies qui s'éteindront bientôt, en acceptant les caresses de lions ou d'autres félins au pelage couleur flamme.

— *Il fouillera la terre* à la recherche de trésors et de fruits, plantera des arbres qui croîtront.

— Enfin, tel un Icare orgueilleux parce que trop inquiet *il se fera oiseau, attiré par l'air*, afin de se prouver qu'il est capable de s'affranchir des pesanteurs.

Passée cette période probatoire d'une possible sagesse, le rêveur sera informé qu'il est arrivé à sa destination, soit son point de paradis, son coin d'oasis personnel, son apex souvent introuvable.

Et se montrent dans les rêves de ces personnes déjà initiées et toutes proches de la fin du processus de leur individuation des symboles et des figures inventés par une Psyché suprême, sorte de déesse ou de dieu complet, émanation des psychismes de tous les êtres pensants, entité de toutes les âmes réunies.

La comparaison entre la naissance et les essais d'équilibre de l'univers, avec les phases d'individuation, s'arrête là car, malheureusement pour lui, le «monde» n'a pas atteint son point de paix et il semble fort qu'il en soit encore aux balbutiements des premiers âges, même si le caillou taillé est remplacé par une arme au laser. Les rêves de «paradis» ne peuvent donc utiliser des images de «déjà-vus» ou des matériaux compréhensibles pour la logique humaine.

L'inconscient, dans une sorte de génie prémonitoire, propose alors au rêveur des illustrations sur-réalistes, poétiques, des spectacles qui ne peuvent exister que dans les rêves des êtres sages et les réalités des êtres fous.

C'est le moment où naissent dans les rêves des formes géométriques, des personnages, des figurines et des tableaux sortis du dépliant d'un disneyland cosmique.

Et le rêveur, se souvenant des clichés d'avant le déluge du premier acte, des instantanés intermédiaires du deuxième acte, encore sous le charme des visions du troisième, pourra penser que le régisseur des rêves est plus qu'un guide et mieux qu'un dieu...

Peut-être est-il un «grand architecte ou un grand géomètre» puisque les rêves montrent des maisons, des églises, des palais, des nombres et des figures. A moins qu'il ne soit «grand astronome et grand astrologue» puisque des soleils, des lunes, des anneaux et des étoiles illuminent le ciel du rêve.

A moins qu'il ne soit, tout simplement et sans se prendre au sérieux, le *bateleur* de la foire des rêves, comme l'est la première carte du jeu de Tarot, jouant à être un dieu créateur, jonglant avec les illusions, protéiforme, habile, rusé et exploiteur des fantasmes humains, faisant croire qu'il ne triche jamais avec les pensées et les sentiments des hommes...

En fait, il est tout cela en même temps, ce qui fait que le théâtre des Rêves propose des spectacles où l'on ne s'ennuie jamais, puisqu'ils ressemblent à l'âme humaine.

DEUXIÈME PARTIE

L'analyse des rêves

Pour que les messages des rêves puissent faire l'objet d'une appréhension et surtout d'une juste compréhension, des *règles d'analyse* qui facilitent le décodage des figures des rêves sont indispensables.

A l'image d'un puzzle vivant et jamais fini, les pièces éparpillées du rêve doivent être sélectionnées, ajustées, disposées de telle façon que le tableau — dont on ignore souvent l'original — soit reconstitué.

Mais avant de se risquer dans l'analyse d'un rêve, il faut se souvenir de quelques principes.

Quelques principes...

— *Il ne faut pas être étonné de l'extravagance des rêves.* Les lois morales des hommes n'ont aucune prise sur l'autorité et le sens de la vérité des rêves. La logique des rêves n'est pas celle du «bon sens» humain, qui taxe d'absurde ce qu'il ne comprend pas.

— *Il faut se méfier de «rêver sa vie»,* c'est-à-dire d'être obsédé par les messages hypothétiques des rêves, d'en voir partout et à la limite de les inventer. Rêver est nécessaire, utile et agréable mais devenir un rêveur peut être dangereux.

— *Les rêves s'oublient vite.* Il faut les noter, se forcer à s'en souvenir afin que des enchaînements et des agencements favorables à la compréhension des messages puissent être réalisés.

— *Les rêves prennent leur source dans l'inconscient* : «descendre» dans son inconscient constitue une visite aux enfers et aux paradis, une excursion dans l'infini du temps passé, du temps à venir et une découverte des trésors de tous les *Ali-Baba* du monde. Il faut être modeste avec son inconscient et accepter ses lois invisibles, ses forces directrices et ses puissances créatrices...

— *La sexualité joue un rôle-moteur dans le théâtre des rêves.* Il s'agit d'une sexualité créatrice, indépendante de tous tabous : de plus, elle est a-morale car elle est dépouillée des notions de «bien ou de mal». Le rêve est imaginatif dans l'expression de la sexualité ; il utilise des allégories, des clichés — quelquefois très érotiques —, des suggestions dépourvues d'une pudicité hypocrite.

— *Tout rêve personnel doit être replacé dans le contexte de vie du rêveur.* Le principe est de considérer les interprétations en fonction de l'instant, tant au point de vue concret et matériel (situation professionnelle, vie conjugale, santé...) que de la «vie intérieure» (équilibre, accord avec soi-même, sentiment d'être «bien dans sa peau»...). C'est pourquoi la lecture des interprétations doit être «dirigée», en fonction de la situation du moment.

— *L'instant du rêve peut être perturbé par des phénomènes physiques* (mauvaise digestion, maladies, fièvres, peur extrême...). Il faut que le rêve intervienne dans de bonnes conditions physiques pour qu'il puisse faire l'objet d'une saine interprétation.

L'élaboration d'un rêve

Le cheminement du cours d'un rêve est comme celui d'une rivière. Il y a une source, des sources, des affluents, des barrages, des conduites forcées, des canalisations...

Le cheminement du cours d'un rêve : comme une rivière...

La première source des rêves : les « marécages » de *l'inconscient collectif*. Il s'agit d'une source commune à tous les êtres vivants.

Le courant du rêve est encombré de *symboles-archétypes* venant de la nuit des temps, de la préhistoire et d'avant le premier être vivant.

Ces symboles-archétypes expliquent :
— les pulsions primitives, animales, sexuelles ;
— les instincts à l'état brut ;
— les événements fondamentaux : naissance, vie et mort avec le cortège des plaisirs et des souffrances.

Ces *symboles-archétypes* apparaissent sous forme d'images-types :
— objets longs : armes, bâton... pour représenter le sexe masculin ;
— objets creux, arrondis : vase, puit... pour représenter le sexe féminin ;
— roi, reine, chevalier, soldat... pour représenter la puissance ;
— homme, femme, enfant... pour représenter la famille, la naissance, la création, la continuité ;
— astres, soleil, lune... images éternelles ;
— haut, bas, droite, gauche... les orientations élémentaires ;
— animaux, plantes...

La deuxième source des rêves : *l'inconscient personnel* du rêveur

Le courant du rêve s'enrichit des *symboles personnels* venant de la biographie du rêveur, soit des éléments enfouis dans son inconscient par transmission parentale ou vécus par le rêveur lui-même mais oubliés.

Ces *symboles personnels* expliquent :
— les refoulements,
— les souvenirs et les expériences oubliés,
— les désirs non-satisfaits.

Ces *symboles personnels* apparaissent sous forme d'images plus « quotidiennes », entre autres les mots du dictionnaire du théâtre des rêves : abeille, abîme, automobile, ancre... La liste est infinie ; toutes les images, les représentations, tous les clichés et les objets sont utilisables.

La troisième source des rêves : *le conscient personnel* du rêveur

Le « lit » du rêve grossit de nouveaux *symboles personnels* venant des événements quotidiens, des actes de tous les jours et des souvenirs agréables ou conflictuels « au présent ».

La canalisation du rêve

Le cours du rêve est alors «gonflé» de toute une multitude de *symboles-énergies* en instance de création. Ces symboles «s'écouleront» comme peut le faire l'eau d'un fleuve, en un cours paisible, en filet timide, en tourbillon.

Les énergies «en vrac» qui viennent de la totalité du psychisme, soit de l'amalgame des composantes conscientes et inconscientes, ne sont pas exploitables telles quelles, d'où l'installation, par le régisseur des rêves, d'un filtre mélangeur-transformateur-synthétiseur-barrage-analyseur.

● Rôle du «filtre»

Le langage du rêve est à base de symboles-archétypes, de symboles personnels conscients et inconscients, qui ne peuvent être compris, dans leur totalité, par le conscient du rêveur.

Le filtre mélangeur-transformateur-barrage-synthétiseur-analyseur a plusieurs fonctions; mais, avant de comprendre «à quoi il peut servir», il est impératif de savoir que ce combiné filtre-barrage... existe. Ignorer sa présence à l'arrivée des images du rêve au niveau de la conscience du rêveur, amènerait l'esprit à accepter «en bloc» tous les messages du rêve, ce qui serait dangereux pour l'équilibre. Chaque image ferait alors l'objet d'un décodage sans nuance par le rêveur, comme le proposent certaines «clés des songes».

Le premier rôle du filtre est de transformer le langage du rêve, soit les symboles, en images compréhensibles pour le conscient du rêveur.

Les images réalistes, a-morales, brutales... pourront être dédramatisées puisque la connaissance du *filtre* permettra de *ne pas prendre les contenus du rêve à la lettre.* De plus, les rêves ne seront pas «pris pour des réalités» ce qui peut être parfois décevant!

Par exemple, un rêve obscène ne sera pas considéré

comme l'affirmation d'un esprit tourmenté par une sexualité malade et obsédée.

Les orientations du rêve

Les différentes orientations que les rêves choisiront peuvent être illustrées par l'arcane n° 24, le « Carrefour »[1], qui complète celles des jeux de Tarot classique.

La canalisation, le barrage, le filtre ont les mêmes desseins que le carrefour — faire une ventilation des énergies — mais intervient en plus dans le *carrefour* une idée de choix personnel qui apparaît moins dans l'image du barrage et des canalisations forcées. Laissons donc un peu d'initiative au rêveur !

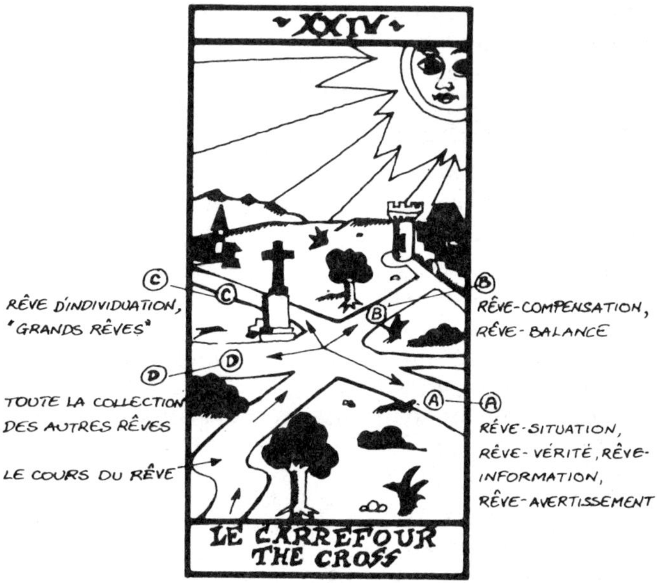

[1] Cette carte appartient au Tarot divinatoire *Astrocard's* (Editions S.M.I.R., Tourcoing. Créateur : Frédéric Maisonblanche)

A - Rêve-situation, rêve-vérité, rêve-information, rêve-avertissement

Des clichés enregistrés pendant les journées se superposent. Ils sont visualisés sous forme d'images-symboles, de scènes aisément compréhensibles.

○ *But du rêve-situation* :
— donner des impulsions créatrices pour la journée ;
— éclairer telle obligation, telle force disponible, telle chose à faire ou à ne pas faire : « voilà ce que tu dois faire ! » ;
— faire une sorte de bilan en positif et en négatif d'une tranche de vie du rêveur ;
— montrer la vérité de telle situation, de tel sentiment afin que le rêveur en tire des enseignements, des avertissements.

○ *Composition du rêve* :
— 1/4 d'inconscient,
— 3/4 de conscient.

B - Rêve-compensation

Des scènes réalistes utilisent des images de la vie de tous les jours mais aussi des symboles personnels (inconscients et conscients).

○ *But du rêve-compensation* :
— rééquilibrer les énergies psychiques pour éviter des dépressions, des erreurs ;
— rassurer le rêveur en lui proposant une séquence de vie qui n'existe pas, mais qui pourrait exister ;
— compenser les souffrances réelles par des plaisirs irréels.

○ *Composition du rêve* :
— 3/4 d'inconscient,
— 1/4 de conscient.

○ *Exemple* :
— faire voyager un rêveur immobilisé ;
— donner un enfant à une mère stérile ;

— faire vivre libre un prisonnier ;
— donner de l'amour à un mal-aimé.

C - Rêve d'individuation, « grands-rêves »

De grandes visions, du grand théâtre à grand spectacle... Les symboles-archétypes venant de l'inconscient collectif, enrichis de symboles personnels inconscients sont saisis, sans transformation, par une bulle consciente du rêveur.

○ *But du rêve d'individuation* :
— développer la personnalité du rêveur dans sa totalité afin qu'il soit *un* ;
— permettre des créations personnelles « extra-ordinaires ».

○ *Composition du rêve* ;
— 4/4 d'inconscient.

D - A ces formes de rêve, il faut ajouter les **rêves divinatoires**, télépathiques, prémonitoires... les rêves de digestion, de maladie... toute la collection des **rêves « d'instantanés »**, méli-mélo de petits souvenirs, de bribes de propos, de sentiments diffus, de petites érotisations....

Quelques mots sur les cauchemars...

Certains rêves sont vécus comme des *cauchemars*. Dans « cauchemars » entre l'ancien mot néerlandais *mare*, signifiant « fantôme nocturne ». Cette image exprime la teneur de ce type de rêve : scène pénible, angoissante, provoquant des sensations d'étouffement et des frayeurs. Le conseil est de dépouiller le cauchemar de son enveloppe d'épouvante pour ne retenir que les messages plus « reposants ».

Processus d'analyse d'un rêve

Soit un rêveur dont le psychisme est représenté par le cercle parfait (**R**). A l'intérieur de cette forme fermée et individuelle se superposent les trois couches qui composent son psychisme :
— la zone supérieure dite *consciente*,
— la zone intermédiaire, appelée *inconsciente*,
— la zone inférieure servant de base, de fonds, la zone de *l'inconscient collectif*.

Un ruban serpente à l'intérieur du cercle, se promenant dans les trois zones ; or, certaines boucles surgissent dans la zone supérieure et le conscient se trouve alors en communication avec des «phrases» venant des deux autres zones ; l'addition des «langages» de l'inconscient collectif, de l'inconscient personnel et du conscient du rêveur donne une phrase qui est *le rêve*.

Compréhension du rêve : son langage

La phrase du rêve a besoin d'être parfaitement saisie par le rêveur ; or, les mots-symboles ne sont pas toujours évidents à comprendre. Leur difficulté d'accès justifie l'usage d'un dictionnaire bilingue qui donne la traduction du langage inconscient en langue consciente.

Un tel dictionnaire se doit de traduire le vocabulaire hermétique de la phrase du rêve tout en s'efforçant d'éviter les pièges des «clés des songes» qui juxtaposent les mots possibles dans une alphabétisation brutale.

Le rêve

Le «ruban» qui voyage dans les trois zones est un moyen de communication, une possibilité d'échange d'idées et de sentiments, comme s'il s'agissait d'une conversation à trois personnages.

Or, des bulles de ce ruban sont parfois saisies par la zone consciente : ce sont les rêves. Grâce au rêve le Moi conscient du rêveur entre ainsi en communication avec le Moi inconscient et le collectif.

Le rêveur, à l'instant où il se trouve en puissance de rêve, est «en analyse» et devient son propre psychanalyste puisqu'il tente d'explorer la pénombre de ses zones obscures et profondes.

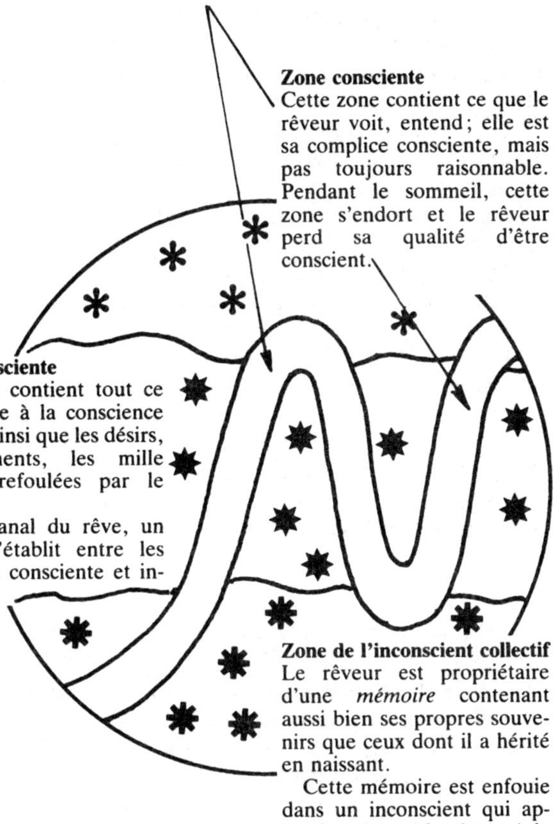

Zone consciente
Cette zone contient ce que le rêveur voit, entend; elle est sa complice consciente, mais pas toujours raisonnable. Pendant le sommeil, cette zone s'endort et le rêveur perd sa qualité d'être conscient.

Zone inconsciente
Cette zone contient tout ce qui échappe à la conscience du rêveur ainsi que les désirs, les sentiments, les mille «choses» refoulées par le conscient.

Par le canal du rêve, un dialogue s'établit entre les deux zones consciente et inconsciente.

Zone de l'inconscient collectif
Le rêveur est propriétaire d'une *mémoire* contenant aussi bien ses propres souvenirs que ceux dont il a hérité en naissant.

Cette mémoire est enfouie dans un inconscient qui appartient à tous les êtres, à la collectivité.

Petit lexique du langage du rêve

Allégorie
Le rêve joue parfois à dérouter son rêveur ; il utilise alors ces jeux d'images que sont les allégories et les métaphores. C'est ainsi que les allégories deviennent les fonds de scène sur lesquels vivent les symboles.

Analyse
Le rêveur, à l'instant où il se trouve en puissance de rêve, est « en analyse ».

De la même manière qu'un psychanalyste fait profession d'explorer l'inconscient de son consultant afin de mettre en lumière quelques faits obscurs, parce que trop enfouis et refoulés..., le rêveur devient son propre psychanalyste lorsqu'il tente de comprendre son rêve. Et le rêveur se fait hibou en fouillant dans la pénombre de son inconscient !

Archétype
Le rêveur est propriétaire d'une *mémoire* contenant aussi bien ses propres souvenirs que ceux dont il a hérité en naissant et qui se trouvent enfouis dans son inconscient.

Les archétypes sont les images préférées de l'inconscient du rêveur ; ils sont classés par ordre d'importance et en première place. Ce sont eux qui apparaîtront dans la phrase du rêve.

Images
Le rêveur feuillette un livre d'images pendant son rêve ; mais il y a plus qu'une simple représentation d'un objet, d'une personne, d'un paysage... dans l'image saisie par le rêveur ; il y a une révélation.

L'image ouvre les portes de l'imaginaire et c'est au rêveur à faire le tri entre le possible et l'impossible, le réel et l'irréel.

Individuation
Le rêveur se sent à la fois un et double :
— *un* parce qu'il est lui en tant qu'être humain distinct des autres, avec son corps, son visage, sa façon de parler, de penser...
— *double* parce qu'il se sent parfois divisé, voire en contradiction avec lui-même.

Trouver les motifs d'opposition et réaliser une fusion entre les deux Moi — le conscient et l'inconscient — est un des buts suprêmes du rêve ; elle a nom « individuation ».

Langage
Une pensée s'exprime par des mots et l'inconscient du rêveur est naturellement parlant. Les messages de l'inconscient, compte tenu de leur influence et de leur subtilité, ne peuvent être enfermés, selon une expression d'*Alain*, « dans les vieilles outres du langage ».

Le langage des rêves est fait de signes, d'images, de figures... à haute teneur symbolique. Le symbolisme est l'art de traduire le langage des rêves, et ce langage puisera ses mots dans la poésie, la religion, l'architecture, les arts, l'histoire...

Pièce à thèse
Le régisseur des rêves a une prédilection pour les sujets demandant au rêveur un certain travail intellectuel. Le rêveur se trouve ainsi amené à converser avec son inconscient et à jongler avec toutes sortes de figures de rhétorique.

Le rêve peut encore proposer une image que le rêveur devra interpréter « en sens contraire », soit parce que le rêve joue aux antithèses, soit parce qu'il souhaite donner plus de relief à l'idée et au message.

L'art du rêveur sera de réaliser une synthèse fructueuse et utile avec les thèses, hypothèses et antithèses iventées par le rêve.

Symboles
Les *Moi* conscient et inconscient du rêveur ont adopté un

code, une convention de langage à base de symboles. Cet outil de langage n'a pas besoin de parler car il représente et il exprime ce qu'il a à dire par des images et des figures visuelles.

Comment appréhender la phrase du rêve

Comment choisir les mots-symboles, comment les traduire en langage compréhensible pour le conscient du rêveur et comment reconstituer une phrase intelligible et accessible pour sa pensée plus rationnelle que magique?

● **Un exemple** :

Un rêveur se souvient du «spectacle» suivant : «Il se promène au bord d'un étang; la végétation est belle, à dominante de couleur verte, avec notamment de grands et beaux arbres qui montent haut dans le ciel. Le rêveur, à un certain moment, voit une tortue et une peau de serpent.»

Chaque mot-image du rêve est un symbole que le rêveur doit définir séparément; puis, il doit reconstituer la phrase du rêve en synthétisant les différents messages que les symboles proposent.

La lecture du *guide alphabétique* lui permettra de comprendre ce que veulent dire les images-clés du rêve, soit les mots suivants : *étang, verte, arbre, ciel, tortue et peau de serpent.*

Les mots «côte à côte» s'articulent en une poétique phrase évocatrice de nature heureuse, colorée, luxuriante et fraîche par la présence de l'eau tranquille. Mais que viennent faire la tortue et le serpent?

C'est alors que le rêveur doit noter les interprétations de chaque mot-image du rêve et recomposer une phrase logique pour ses assurances de raisonnable, ses besoins de crédibilité et surtout pour la satisfaction de sa curiosité «divinatoire».

— Le mot *étang* renvoie au mot *eau.*

Le paragraphe consacré à ce mot propose plusieurs situations dont «une eau claire et fluide». Le message du rêve, en ce qui concerne cet élément, est alors à retenir: «message de limpidité psychique avec une idée de baptême symbolique et de fertilisation...»

— Puis vient le mot *vert.*

Le rêveur note que cette couleur «indique l'avènement d'un état printanier, d'une renaissance...».

— Le mot *arbre* dans une ambiance harmonieuse, riche de sève et agréable, donne un message «d'espérance, de confiance en soi...».

— Le mot *ciel* positionne les premières interprétations du rêve dans un «espace clair et lumineux» et annonce «que le plan des idées sera efficacement favorisé».

— Le mot *tortue* complète les messages en apportant une idée de calme évolution, de métamorphose qui se trouve amplifiée par le mot *serpent.* Celui-ci, en effet, confirme la volonté du rêve de faire comprendre au rêveur qu'il se trouve à un moment de son existence où des métamorphoses et des transformations psychiques sont en train de s'élaborer.

En résumé, *l'interprétation du rêve pourra être* :
«Vous allez commencer une nouvelle existence dans laquelle vous pourrez vous affirmer. Vous êtes assuré de réussir vos entreprises, vos créations de cœur et d'esprit puisque vous serez solide et confiant en vous.

Attendez-vous à des transformations de votre style de vie, de votre façon de penser et d'aimer ; même si celles-ci vous semblent étonnantes, difficiles à vivre et à supporter, vous devez les souffrir puisqu'elles sont l'annonce d'un changement de vie, de l'abandon d'une «peau» hors d'usage.

Soyez à l'écoute des messages de votre inconscient qui

semble vouloir vous aider efficacement au moyen d'intuitions, de méditations.

En conclusion (de ce rêve), vous êtes en train de vivre un grand moment de votre existence : rien ne sera pareil et tout sera supérieur, aussi bien dans votre *vie intérieure* que dans votre *vie humaine* ».

TROISIÈME PARTIE

Guide alphabétique des mots-clés

Afin que les spectacles et scénarios du théâtre des rêves puissent faire l'objet d'interprétations, un guide alphabétique des mots-clés les plus utilisés par le régisseur des rêves est proposé. Chaque mot faisant lui-même l'objet de saynètes lorsque plusieurs situations (et, par conséquent, plusieurs interprétations) sont possibles.

Lorsque, dans une notice, un mot est accompagné d'une étoile, celle-ci indique que ce mot possède également une définition propre. En se reportant à cette définition, le lecteur peut donc réaliser des combinaisons entre plusieurs mots-clés, ce qui permet d'enrichir la phrase du rêve et l'interprétation de celle-ci.

Abeille

L'abeille est un symbole d'organisation et de vie de famille bien orchestrée et surtout d'obéissance à des règles collectives; de plus, elle est industrieuse et a été, de tous temps, l'emblème de l'activité, ce qu'explique plaisamment le poète Michaux quand il écrit : «Le matin, quand on est abeille, pas d'histoire, faut aller butiner!»

L'abeille fabrique le miel et la cire et une ruche est un évident signe de prospérité. C'est pourquoi rêver d'une ruche bien rangée, d'un essaim d'abeilles discipliné et actif, indique un dynamisme efficace et laisse présager des résultats concrets; à condition que soit suivi le conseil d'une juste distribution des besognes et d'une obéissance à des règles strictes.

● *Si des abeilles sont mortes et que la ruche est abîmée*, le message est à la prudence car le rêveur est informé qu'il ne pourra «faire son miel» comme il l'espère.

● *Manger du miel ou sentir du miel* sur les lèvres suggèrent de l'intelligence. Ne dit-on pas, en effet, que des abeilles se seraient posées sur les lèvres de *Pindare* et de *Platon* quand ils étaient enfants et que le frôlement de ces insectes leur aurait donné leurs dons de poésie et d'éloquence.

Le miel du rêve est surtout l'indication de profits après des travaux parfois compliqués, obtenus après un processus de peine et de patience. Manger un gâteau* de miel confirmera qu'un travail personnel et efficace a été réalisé puisque des matériaux bruts, le pollen, ont été transformés en produits utiles, le miel.

Abîme

Le monde des profondeurs est un univers que côtoient fréquemment les rêveurs. Mais le message du sans fond «en bas» est différent du sans fond «en haut»; certes ils parlent tous les deux d'indéfini et d'illimité et les ambiances sont souvent à l'angoisse, mais il est plus agréable de fréquenter les entrailles du ciel que celles de la terre! C'est pourquoi tomber dans un gouffre ou se sentir prisonnier au fond d'un précipice invite à la méditation et à la prudence.

D'autre part, l'abîme est un lieu de solitude, de désespoir et souvent de mort; le mot parle de mystère et d'énigme, d'obscurité et d'angoisse. La question est donc de savoir pourquoi un rêveur se trouve projeté dans un tel endroit qui sent l'enfer et le soufre.

Le conseil est à l'interrogation sur soi-même puisque le gouffre en question est l'âme, l'inconscient du rêveur. Si celui-ci y descend ou y tombe, il est certain que des découvertes sur lui-même sont proposées. Comme pourra le faire un spéléologue en visitant un gouffre, le rêveur est invité à scruter chaque recoin de son inconscient; il y découvrira des failles, des crevasses qu'il aura à colmater ou à éviter; mais il est possible qu'il y trouve également des trésors* cachés, des sources* et des gemmes.

Comme il est dit «que la preuve se fait par les abîmes», le rêveur est assuré que sa chute est indicatrice de re-naissance, à l'image d'un enfant* qui sort de la cavité utérine de sa mère. La mort et la vie sont liées dans ce message.

L'abîme du songe est aussi pour un rêveur-homme une illustration du sexe féminin puisqu'une vision de profondeur et de mystère les associe. Et le message demande au rêveur de se libérer de ses complexes et peurs de se perdre ou de mourir lors de ses étreintes amoureuses avec une femme aimée ; le conseil lui est ainsi donné de ne pas considérer la femme soit comme un outil de castration, soit comme un endroit de perdition.

Accident

Un rêve d'accident peut être prémonitoire. Mais d'une manière générale, le rêve donne un conseil de prudence. Il convient que le rêveur fasse attention à tout ce qui peut lui survenir comme l'étymologie du mot le suggère (*accedere*=tomber).

Le message insiste sur des événements, certes fâcheux ou malheureux, mais qui sont cependant accessoires et que le rêveur pourra modifier, voire supprimer par des efforts de réflexion et de volonté.

Mais demeure le point d'exclamation sur le « triangle du rêve », annonciateur d'un obstacle à surmonter !

Accouchement

Un rêveur (et qu'importe son sexe - l'inconscient ne s'embarrasse pas d'impératifs gynécologiques) qui met au monde peut être heureux.

Le message est à la naissance de ses **projets** et tant mieux s'ils ont mûri dans le secret et le silence de ses inquiétudes car ses souhaits prendront corps et il sera délivré d'idées ou de sentiments qui commençaient à être pesants.

● Les enchevêtrements des images du rêve sont tels qu'il est possible *que le rêveur soit informé, par le truche-*

ment d'un accouchement, de sa propre naissance. Dans ce cas, le conseil est d'accepter une nouvelle vie en consentant, même avec quelque résignation ou quelques souffrances, à jouer le rôle d'une mère, en faisant preuve de patience et de soins constants et éventuellement en allaitant symboliquement l'œuvre créée.

Le rêveur doit néanmoins savoir qu'il a «quelque chose dans le ventre» et qu'il est en puissance de création et de fruit. Et il s'agit bien d'un message d'espérance!

● Par contre, *si l'enfant n'est pas viable*, le conseil est à la prudence; le rêveur doit comprendre que ses projets sont peu dignes de voir le jour et l'avis est précieux : que le rêveur ne perde pas son temps à donner une existence à des projets larvés qui ne méritent que d'être des morts-nés. Qu'il ne fasse pas comme la montagne qui accouche d'une souris!

Acrobate

Est acrobate qui marche sur la pointe des pieds, qui danse, saute, fait des tours d'adresse ou de force, qui étonne et s'étonne lui-même et qui refuse d'être comme tout le monde afin d'exister d'une manière extraordinaire. C'est pourquoi un rêveur qui se fait, l'espace d'un songe, jongleur, clown, saltimbanque, équilibriste... doit savoir que son inconscient n'apprécie pas du tout qu'il vive la «tête en bas» et le rêve est là pour critiquer sévèrement les déséquilibres de toutes sortes, les pirouettes et les virtuosités, les escamotages et les numéros de funambule.

Le conseil est donné au rêveur de ne pas chercher à s'affranchir des obligations quotidiennes quelquefois trop terre-à-terre, et qu'il ne fasse pas le clown et le pître avec ses travaux et ses sentiments.

Il n'est cependant pas impossible que le rêveur, s'il travaille bien ses numéros, ses positions, ses désarticulations et autres rétablissements, n'arrive à faire comme le clown de *Théodore de Banville* qui «sauta si haut qu'il partit dans les étoiles», cet envol étant alors le signe d'une liberté parfaite. Mais cet aboutissement est rare!

Adultère

Voir *divorce*.

Agneau

Lorsqu'un agneau apparaît dans un rêve, le message contient une idée de douceur, de simplicité et de pureté que ne possèdent pas le mouton ou autre bouc.

L'agneau est tendrement bêlant; ses boucles blanches, son comportement naturellement craintif et innocent le prédisposent à être une victime, soit du méchant loup*, soit des prêtres lors de sacrifices religieux.

Rêver d'un agneau indique que l'âme, le cœur et l'esprit du rêveur sont confits de pureté et d'innocence; mais comme tout le monde n'a pas une vocation de martyr, le conseil est de prendre garde à ne pas être pris pour une victime. Il n'est pas bon dans la vie moderne de se laisser conduire «comme un agneau muet devant celui qui le tond...»

Aigle

Lorsque l'aigle, capable de s'élever jusqu'aux limites du ciel et de regarder le soleil dans les yeux, apparaît, le rêveur peut s'attendre à de grandes et belles réalisations. Il sera lui aussi, de la même manière que l'aigle est le roi des oiseaux*, roi de quelque entreprise et souverain de son empire même si celui-ci se limite à son bureau ou sa famille!

Une précision cependant : ce symbole de l'aigle se

situe plus sur le plan des idées puisque cet animal plane dans les hautes sphères et affectionne l'air pur des hautes cimes.

Mais attention, le message est certes à l'impérialisme (Napoléon 1er, entre autres, avait choisi l'aigle comme emblême), mais il conseille aussi de ne pas se montrer trop rapace, trop orgueilleux et trop oppressif.

● *Si l'aigle du rêveur se montre protecteur*, le message est rassurant ; l'aigle se fait tutélaire, veilleur et guérisseur. Il est possible que cet aigle du songe soit alors l'illustration d'un symbole **paternel** et le rêveur a ainsi intérêt à réfléchir aux influences et aux rôles joués par son père* ou par les personnes qui ont cet attribut.

Enfin le rêveur ne doit pas oublier que le roi-aigle de son rêve comme on dit le roi-lion ou le roi-soleil, illustre des forces brutes et des instincts primitifs.

Certes, le message est à la gloire, au courage et à l'ascension victorieuse, mais il possède aussi une signification de passions brutales et primitives à surveiller.

Il faut que le rêveur fasse attention à ne pas se laisser enlever par des sentiments, des ambitions, par trop irréfléchis et trop surpuissants car, alors, il serait aussi oiseau de proie aux serres déchiquetantes.

Aiguille

L'aiguille ne sert pas qu'à coudre, broder, et repriser, elle est également un instrument de chirurgie. Et ces deux significations sont à choisir par le rêveur selon le contexte de son rêve.

Le conseil est cependant à la méfiance et à la réflexion : il y a de l'intrigue dans la vie du rêveur mais aussi des faiblesses car que doit-il repriser pour que soit recousu ce qui est abîmé ? Où y a-t-il des « points » à faire pour que soient stoppés, ravaudés et reprisés les « trous » et les déchirures de son existence ?

Le message est simple : il faut que le rêveur reconstitue et répare des pièces de sa vie. Peut-être est-ce lui qui est écorché et divisé... Alors, qu'il songe donc, mieux que de le rêver, à rassembler et raccommoder ce qui est déchiré en lui.

● *Il y a également une idée de piqûre*, d'injection et de tourment dans l'apparition de l'aiguille? Certes, il est possible que le souvenir de piqûres reçues soit tel que le rêveur, encore impressionné, les revive dans son rêve; mais il peut davantage s'agir de dépit et de petites souffrances aigres que le rêveur n'arrive pas à oublier ou qu'il ne peut s'empêcher de provoquer lui-même.

Que le rêveur réfléchisse : à qui lance-t-il des piques, qui lui en envoie?

● *Il y a un côté magique dans l'utilisation des aiguilles* que connaissent bien les envoûteuses. Tous ceux qui, symboliquement ou concrètement, enfoncent des aiguilles dans des figurines, des poupées et des formes sculptées espèrent que les piqûres douloureuses qu'ils font à l'objet en question feront souffrir la personne à qui ils pensent.

Or, ces pratiques magiques sont bien connues de l'inconscient qui les ressort de son coffre à rêves pour informer le rêveur que quelque chose s'ourdit dans l'ombre.

● *Si un rêveur cherche désespérément une aiguille,* le message est clair : qu'il ne perde plus ou pas de temps à s'interroger sur quelque chose de perdu et qui restera introuvable. Il peut s'agir de projets, d'espoir et de sentiments.

Enfin, l'aiguille possède une interprétation sexuelle : elle est symboliquement le sexe masculin et le rêveur aura à réfléchir sur cette idée de «coup d'aiguille» et «d'aiguillon». Ne parle-t-on pas des aiguillons de la chair et du désir pour illustrer des tentations sexuelles!

Aile

Le symbolisme des ailes, des plumes et des oiseaux* en général est lié à celui de l'air, du vol, de la pesanteur, de l'élévation et bien sûr de l'**esprit**.

L'aile est avant tout un outil* et une mécanique permettant de s'élever dans les airs, de planer et de quitter ainsi le plancher terrestre. Qu'importe les matériaux des ailes du rêve, l'essentiel est pour le rêveur qu'il en ait et qu'il s'en serve à bon escient.

● Il y a danger pour le rêveur *si celui-ci monte trop haut* comme Icare et qu'il se fasse «brûler les ailes»; le message est alors à la prudence quant à ses trop grandes envolées et à ses trop grandes ambitions.

● *Certaines ailes ont une grande envergure* — ce même mot est utilisé quand il s'agit de voile, d'esprit, d'entreprises et d'affaires —, d'autres sont minuscules, d'autres encore sont rognées, d'autres enfin sont cassées... et toutes ces images apparaîtront dans le rêve pour expliquer des humeurs et des situations que le rêveur aura à s'avouer.

● *Le rêveur pourra avoir du «plomb» dans l'aile, mais aussi voler de ses propres ailes*. Selon le cas, il apprendra qu'il peut se passer de toute aide étrangère et se rendre indépendant ou, au contraire, qu'il ne possède pas d'énergie, d'autorité ou de crédit pour se lancer dans ses projets.

Air

L'air est, selon *Hippocrate* et les traditions astrologiques, un des quatre éléments.

Il est le milieu privilégié des avions*, des oiseaux*, des idées, des anges* des astres, des vents, de la vie mobile, de la lumière, des vibrations cosmiques et la liste n'est jamais finie. L'air est ainsi un agent de communication, symbole de liberté et d'espaces infinis.

Mais l'air n'est qu'un des éléments du décor du rêve, c'est pour cela qu'il faut analyser les accessoires, les personnages, les tableaux, les paysages qui entrent dans la composition où l'air règne.

Alcool

L'alcool du rêve peut être cet esprit-de-vin qui rappellera au rêveur qu'il en consomme trop, soit plus subtilement la synthèse de l'eau* et du feu* qui symbolise une énergie vitale distillée.

L'alcool se boit, se hume, il réchauffe, brûle, excite, enivre... et le rêveur aura le choix entre un conseil de prudence qui sera de ne plus s'enivrer de sentiments, de situations ou de projets intoxiquants et une espérance de réalisation personnelle par l'association du feu — symbole des passions et des énergies du rêveur, de son soleil intérieur — et de l'eau, symbole de ses inspirations et de ses possibilités de création. Les effets de l'alcool sont ceux de l'amour* : une passion amoureuse fait tourner la tête et le cœur, elle donne des vertiges, fait bredouiller et donne des idées troubles. Les enthousiasmes, les aveuglements et les entêtements sont quasi identiques. C'est pourquoi, lorsqu'un rêveur se trouve dans un état d'ivresse, qu'il réfléchisse à ce message; peut-être est-il temps pour lui de prévoir une cure de désintoxication* sentimentale, à moins qu'il ne se trouve déjà dans une clinique en train de la subir!

Aliments

Certains rêves présentent des aliments et ceux-ci sont de toute nature; or cette nourriture du rêve est essentielle à analyser puisqu'elle sert à la nutrition psychique du rêveur. Alors les mets sont-ils comestibles, suffisants, bons, mauvais, légers, lourds, indigestes...? Autant de questions que le rêveur devra noter afin d'en tirer des enseignements.

Mais surtout, qu'y-a-t-il sur la table du rêve? Si la table est vide ou que les aliments sont immangeables, le rêveur doit savoir que son psychisme crie famine et qu'à défaut de l'alimenter, son âme mourra de faim ou se contentera d'ersatz jusqu'à en avoir des indigestions.

Le psychisme a besoin d'une alimentation appropriée : à chacun selon ses appétits ou ses tendances et c'est pourquoi les rêves d'aliments doivent être étudiés comme s'il s'agissait de détailler un menu.

Chaque plat proposé a son importance et le bon goût et les traditions qui demandent que les desserts soient servis en fin de repas et non comme entrée doivent être observés.

Allumette

Ce brin de bois, de carton ou de cire imprégné de soufre, sert essentiellement à allumer soit, en mots plus poétiques, à embraser, aguicher et bien sûr chauffer...

Il est ainsi évident que rêver d'allumette peut posséder une coloration érotique et manipuler des allumettes peut signifier que le rêveur est en train « d'allumer quelqu'un » ou de « se faire allumer ».

● *Posséder une boîte d'allumettes* est bénéfique puisque cette possession permettra au rêveur de voir clair dans ses projets, ses idées et ses sentiments. Encore faut-il que des hasards ne viennent pas souffler la flamme.

Il est conseillé aux enfants de ne pas jouer avec les allumettes et le rêve donnera le même conseil au rêveur qui prend feu* trop vite, qui s'enflamme et risque de se consumer pour des desseins trop amadou ou dans des réalisations trop ou mal combustibles.

Tant il est vrai que de l'allumette à l'incendie, il y a le temps d'une négligence, d'un oubli, d'une imprudence mais aussi d'une mauvaise intention.

Amande

Qu'elles soient douces ou amères, les amandes du rêve et, d'une manière générale, tous ces fruits à coques ou toutes ces graines emprisonnées dans un noyau cachent quelque chose de comestible, de précieux et de fragile sous leur écorce. Et là, est le message. « Qu'y a-t-il dans une noix » chante le poète ? Qu'y a-t-il sous l'écorce de l'amande du rêveur de si précieux pour que le régisseur du rêve veuille le protéger ?

Et le propos du rêve sera de signaler au rêveur qu'il possède en lui des choses précieuses, des trésors* qui peuvent ressembler à des douceurs de vivre et à des sentiments pralinés mais également à de grandes passions ou de grandes idées.

Amour

Un rêve d'amour est plus qu'une chanson pour le théâtre des rêves. « L'amour étant la chose la plus importante de la vie ou plutôt la seule », comme le définit fort bien Stendhal, il est évident que des représentations où l'on parle d'amour ont une place privilégiée dans les rêves.

La vie d'amour d'un rêveur peut être illustrée par de multiples images et l'inconscient — régisseur des rêves — ne se gênera pas pour le faire acteur, non seulement de scènes tendres et affectueusement érotiques, mais aussi brutales voire étrangement osées.

● *Lorsque des scènes d'amour se répètent* dans lesquelles les mêmes personnages apparaissent, ces insistances prouvent que le rêveur vit des **conflits** amoureux et qu'il est déjà attaché à la personne du rêve, voire à une autre. Chaque apparition aura pour but de l'avertir que tourne dans sa tête et son cœur* un scénario amoureux.

● *Toute une collection d'objets, de situations et d'indices sont à relever* dans ce spectacle où l'on parle de sentiments d'amour et de désirs sexuels. L'homme et la femme — qui en sont les personnages* centraux — peuvent également être vus sous forme d'allégories, de symboles et d'images. Ainsi, une passion peut devenir le feu* ; une frustration, une porte* fermée ; une promesse d'amour, des lettres*. D'autre part, même l'amour le plus platonique pourra être illustré par des expressions très charnelles : des baisers*, des caresses, des corps à corps...

● *Si l'amour du rêve est tendre et sans complication*, si le réalisme des instincts est attiédi par un sentimentalisme un peu enfantin, le message sera au sentiment emprunt de romantisme ; le rêveur espère vivre un amour comme il l'a rêvé adolescent et il le vivra peut-être.

Mais ce rêve peut surtout compenser une vie amoureuse agitée et pénible qui manque justement de tendresse.

● Le rêveur comprendra sans dessin que *s'il fait l'amour en rêve*, il exprime des désirs sexuels* et des souhaits de jouissance.

● Par contre, *un amour méprisé* l'avertit qu'il peut être mal aimé ou que lui-même pourrait mieux aimer.

Le régisseur de ses rêves étant fort imaginatif, une femme passionnée, déguisée en chat*, un homme-amant-héros, métamorphosé en dragon ou un chevalier sur un cheval* fier, pourront apparaître pour imager que l'amour a de multiples visages et ce sera au rêveur à deviner sous les masques, qui parle et pourquoi.

Amputation

Le rêveur qui contemple son corps amputé d'un membre, qui tout en ne souffrant pas, se voit privé d'un pied, d'une main*, doit comprendre que quelque chose en lui a besoin d'être tranché et qu'il risque une gangrène morale, psychologique, sentimentale, s'il ne se décide pas à tailler et enlever cette partie de lui qui est morte ou qui ne lui appartient pas ou plus.

Ancre

La lourde masse d'une ancre retient son navire; si elle est trop légère, elle devient inutile et n'empêchera pas le navire d'errer, par contre si elle est trop lourde, elle risque de clouer le bateau en un point mort d'eau. Entre la dérivation, abandonné aux courants et aux vents, et l'immobilisme, le bateau* a le choix.

Mais l'ancre n'est pas seule; elle est mariée à sa chaîne*, à son câble. Le filin est l'indispensable lien entre la mobilité de la coque et la stabilité que l'ancre apporte.

De tous temps, l'ancre a été symbole de calme trouvé, de tranquillité espérée. Dans le flux et le reflux de la vie, un port est constamment recherché et il est bon de «jeter l'ancre» comme l'on s'assoit, après un voyage fatigant.

● *«Lever l'ancre»* est le prélude à quelques nouveaux départs, encore faut-il pouvoir la remonter! Le message n'est plus alors de paix mais d'angoisse.

Il en est de même lorsque «toujours poussé vers de nouveaux rivages...», le rêveur est en panne* de mouillage.

● *Le rêveur qui «jette l'ancre»* est arrivé à une destination, il a atteint son port. Qu'il réfléchisse à l'endroit privilégié où le rêve l'installe.

Le mouillage peut être en pleine mer*; dans ce cas, le rêveur aura d'autres milles à parcourir et la présente halte n'est que provisoire. Elle lui permet de retrouver son souffle et de récupérer ses forces fatiguées; mais, loin d'un quai* l'autorisant à mettre pied à terre, il doit savoir que son voyage n'est pas terminé.

● *Si des difficultés empêchent le rêveur de remonter son ancre*, il est certain que son navire ne pourra appareiller et continuer la route envisagée. Peut-être s'est-il laissé embourber dans des situations oiseuses et vaseuses; peut-être s'est-il laissé enchaîner dans des amours enlisants!

L'obstacle est à analyser par le rêveur et c'est en suivant la chaîne de son ancre qu'il trouvera peut-être les raisons des oppositions. La chaîne se fait alors fil conducteur et le rêveur découvrira quel est le poids qui l'accable, quelle est l'entrave qui le paralyse.

● *Lorsque des ancres et leurs chaînes sont emmêlées*, les marins disent «qu'elles sont engagées». Le rêveur, lorsqu'il ne peut démêler ce sac de nœuds de chaînes et d'ancres, se trouve lui aussi engagé dans quelque situation embrouillée; peut-être a-t-il contracté un engagement sentimental, professionnel ou autre qui le mobilise à l'excès jusqu'à lui faire perdre le fil de ses idées et de ses sentiments.

● Le rêveur vit une angoisse indéfinissable *lorsqu'il se trouve dans l'impossibilité de jeter son ancre*. Cette angoisse est plus mouvante que celle née des difficultés de la lever, car dans ce cas, il y a un poids, une gêne à surmonter. En effet, une ancre prête mais inutile en l'absence de port ou de mouillage, dénonce une impuissance indéterminée.

Le rêveur dans ce cas vit ses insatisfactions et ses indécisions; entre la stabilité d'une vie peut-être trop moyenne et les tourbillons d'une vie aventureuse et toujours en escale, un choix doit être fait.

Si le rêve insiste sur le manque de fond ou le défaut d'anneaux* qui empêchent que l'ancre soit lancée ou qui empêchent le navire de s'arrêter en paix, le rêveur doit savoir qu'il mène sa barque dangereusement.

● Le rêveur peut être rassuré *s'il porte son ancre*. Bien pourvu en ancre et en attache, il est certain qu'il possède les armes* et les outils*, plus défensifs qu'offensifs, qui lui permettront de passer les caps difficiles de la vie et de ne pas s'écarter de sa bonne route.

Il restera calme et stable devant les flots de ses sentiments, voire les températures de ses passions.

Enfin, l'ancre est l'espérance du rêveur, son porte-bonheur qui lui permettra de voyager loin et en toute sécurité.

Ane

L'âne n'a pas bonne réputation ; il passe pour être tellement animal*, qu'on lui a pris ses oreilles* pour en faire un bonnet aux enfants* ignorants et niaisement têtus. Mais l'âne n'est pas si bête qu'on le prétend. Certes, c'est une bourrique que l'on tente de faire avancer avec une carotte mais il est sobre, patient et parfois suffisamment malin pour jouer au niais ; on dit bien faire l'âne pour avoir du son !

● *Si un rêveur se promène sur le dos d'un âne*, le conseil est à l'humilité et à la modestie ; il doit comprendre qu'il ne doit plus monter sur ses grands chevaux et que sa monture — soit ses moyens, ses possibilités, ses ressources — n'est ni un pur sang, ni même un demi-sang.

● *Si l'âne lui donne des coups de sabots*, il est conseillé au rêveur de relire la fable de La Fontaine, *Le lion devenu vieux*, il comprendra qu'il doit éviter d'avoir des comportements qui pourraient être qualifiés de lâches.

● *Un bon petit âne* est symbole de paix et de modestie ; il ne faut pas oublier que cet animal se trouve avec le bœuf* dans les crêches pour suggérer l'humilité et la pauvreté. Heureux le rêveur qui se trouve ainsi entouré de ces animaux bibliques !

● Encore plus heureux sera celui qui verra *un âne fouillant la terre à la recherche d'un éventuel trésor** ou fabriquant des crottes en or*. Le conseil est évident : il faut que le rêveur creuse et gratte davantage ses projets, ses réalisations et ses sentiments. Peut-être est-ce en lui qu'il doit également remuer la terre afin d'y trouver des écus, symboles de richesses intérieures. La présence de l'âne confirme que ce sera dans des recherches humbles dans les travaux modestes qu'il trouvera son bonheur.

Ange

Dès qu'un ange apparaît dans un rêve, le message est d'une qualité exceptionnelle. L'ange est ce petit personnage, ni garçon ni fille, enfant* quelquefois auréolé de lumière, souriant ou sérieux, qui regarde le rêveur comme s'il avait quelque chose d'important à lui dire.

Et effectivement, cet être purement spirituel, intermédiaire entre le conscient et l'inconscient, est le messager (*angelus* en latin) de l'inconscient. Cependant, le rêveur doit ôter les attributs religieux des anges du rêve car ils sont rarement les messagers d'un dieu et ne font pas partie de l'armée du Seigneur.

L'ange est avant toute chose le porteur d'une bonne nouvelle : il annonce que les moments difficiles sont terminés, que des transformations bénéfiques sont prévisibles et que le rêveur est en puissance de devenir ce qu'il doit être. Eclairé et protégé par cet enfant tutélaire, par cet ange gardien et rédempteur, le rêveur peut être rassuré.

Animal

Les animaux qui apparaissent dans les rêves viennent des couches profondes de l'inconscient du rêveur, là où se trouve le bestiaire des instincts, des forces brutes et des énergies élémentaires.

Mais il y a plusieurs catégories d'animaux : certains sont sauvages, d'autres sont domestiques, à l'image des êtres humains qu'ils représentent.

L'homme est, lui, un animal réfléchi, un animal d'une espèce supérieure, du moins le croit-il, mais le rêve dans sa sagesse et sa brutalité d'expression tend un miroir* au rêveur pour qu'il s'y mire et qu'il voie quel animal symbolique il est.

L'animal du rêve est un être vivant qui a un message à donner; comme il ne parle pas, il faut comprendre le langage imagé que chaque animal suggère : ainsi, le lion* exprime la fierté et l'orgueil, l'âne* la modestie et l'ignorance...

Il y a à côté du bestiaire classique, la collection des animaux fabuleux qui remontent dans la nuit de l'inconscient du rêveur et, curieusement, celui-ci se souvient, le temps d'un rêve, qu'il a peut-être été dragon, diplodocus ou oiseau* curieux...

Enfouies dans le tréfonds de sa mémoire collective depuis des millénaires, des images font ainsi surface et il lui semble tout à fait naturel d'évoluer lors de son rêve en compagnie d'animaux antédiluviens.

Le rêveur doit bien sûr compléter son analyse en lisant les paragraphes concernant l'animal particulier du rêve.

Anneau

Le mot anneau suggère toute espèce de cercles dont les intentions sont d'attacher. Mais lorsque l'anneau devient bague et alliance, il acquiert une spiritualité et une sentimentalité. L'anneau devient alors l'aveu d'une foi, d'un amour.

L'anneau marque l'appartenance à une destinée et surtout l'acceptation de cette destinée. Il y a dans l'anneau la marque d'un mariage* avec un être, un dieu, un maître.

● *L'anneau entre dans les accessoires des sciences féeriques* : il protège, permet d'ouvrir des portes*, d'être invisible et de se faire aimer... L'anneau contient ainsi un enseignement sur les forces du destin : posséder l'anneau permet à l'homme de modifier par magie ce destin, d'y échapper et de le soumettre... Mais les voies du destin sont voulues à double sens car souvent la bague porte-bonheur ne l'est qu'à certains moments privilégiés et à condition d'obéir à certaines règles souvent puériles.

● Entre l'anneau du rêve et certaines réalités de la vie du rêveur, le fil conducteur est facile à dévider *lorsque le rêveur échange des anneaux.* Peut-être anticipe-t-il un mariage, une liaison qui lui tient à cœur !

L'anneau nuptial glissé au doigt est la preuve d'une fidélité mais aussi d'une soumission à un être ; le rêve connaît les bonnes manières quand il suggère que la « bague au doigt » est nécessaire pour l'accomplissement d'un souhait affectif.

● *Si le rêveur perd un anneau*, le sien ou celui de quelqu'un d'autre auquel il peut être attaché, l'avertissement est double. Le rêve lui rappelle un désaccord consommé auquel le rêveur ne croit pas encore (il peut s'agir d'une rupture sentimentale ou de la dissolution d'une association d'affaires) mais il est aussi l'indice d'une liberté retrouvée.

● *Le rêveur peut être désespérément à la recherche d'un anneau* : il est dans ce cas, sans port et sans attache, à la dérive de quelque aventure affective, professionnelle ou autre. Le quai-protecteur, la foi-gardienne, l'être-défenseur sont absents ou introuvables.

Le rêveur sans anneau n'appartient à personne, même pas à lui-même, il est sans foi, sans amour, sans destin.

● *Le rêveur qui tourne un anneau autour de son doigt* ne sait pas qu'il manifeste le désir inconscient de posséder quelques pouvoirs magiques qui le rendraient invisible, invincible, riche, aimé... Tous les princes des contes de fées savent qu'il leur suffit parfois de tourner leur anneau pour être protégés et du diable et des hommes !

● Le rêveur consulte quelques oracles *lorsqu'il joue avec un anneau, notamment lorsqu'il lui donne un mouvement de balancement*. Le geste indique une quête de réponses telle que les méthodes de divination le pratiquent.

Le jeu n'est pas innocent pour le rêveur, même s'il ne le sait pas car il tente, par ces oscillations, de pénétrer les secrets des dieux. Le but pour le rêveur est de trouver des remèdes à ses inquiétudes et des motifs d'espoirs.

● Le rêve ne lésine pas avec la richesse de ses accessoires lorsqu'il donne au rêveur *un anneau d'or* ou une bague sertie de pierres* précieuses*. Il sort les grands symboles pour assurer et rassurer le rêveur. Un tel anneau est un gage de protection.

● *Si le rêveur reçoit,* comme le décrit Racine, *« des mains d'un roi le sceau d'un pouvoir suprême »*, il peut être assuré qu'il bénéficiera de protections et de forces quasi divines.
Par contre si l'anneau est donné par les doigts crochus de quelque sorcière échappée de contes de fées, le cadeau est peut-être empoisonné.

Si recevoir un anneau est un don, le mode d'emploi n'est pas toujours fourni, à l'exemple de *Polycrate* qui se croyait immortel parce qu'il possédait un anneau et qui fut finalement crucifié comme un quelconque mortel. Il convient donc que le rêveur ne se croie pas plus fort que le destin.

Araignée

L'araignée a l'art de sécréter un liquide visqueux qui en se solidifiant devient des soies attrape-mouches. Elle est d'autre part experte en embuscades et artiste en formes géométriques.

Le rêveur qui se fait prendre dans une toile d'araignée est prévenu d'un piège latent au détour de ses projets ou de difficultés qu'il éprouvera à se sortir d'un réseau d'entraves gluant et désagréable.

Qu'il réfléchisse alors à qui peut avoir intérêt à l'attirer dans des filets ankylosants ! Peut-être est-ce lui-même qui, au fil d'indécisions, de négligences et d'excuses, sans parler de quelques malhonnêtetés, s'est tissé cette toile prisonnière ?

● Une toile d'araignée, notamment lorsqu'elle est mouillée de rosée* ou qu'elle est appréciée sous une certaine lumière, possède *des qualités artistiques certaines*. L'araignée du rêve est alors bénéfique ; elle indique au rêveur qu'il possède des qualités d'habileté et d'ingéniosité. Mais il ne doit pas oublier que la toile d'une araignée est fragile comme peuvent l'être les œuvres terrestres.

● Pour celui qui rêve d'une araignée *se promenant au plafond* ou dans un coin insolite d'une pièce*, le message est à la prudence. Que le rêveur songe à ce qu'il y a de bizarre et éventuellement de troublé dans ses idées, son comportement et ses sentiments.

● *Il reste le symbole du fil que bave l'araignée*, lacet qui n'est pas toujours un fil à la patte mais qui symbolise cependant un lien entre le rêveur et le quelque chose ou le quelqu'un qui a sécrété cette toile gênante.

● Certains dessins très artistiquement animés proposent *des femmes*-araignées fascinantes*, drapées dans un grand manteau de résille noire étrangement enveloppant. Prudence, car ces rêves où apparaissent des femmes fatales, jeteuses de sorts plus ou moins sexuels et expertes en lacis compliqués indiquent au rêveur qu'il est en train de s'engluer dans des sentiments vénéneux.

Arbre

L'arbre prend racine, se développe, grandit et meurt : il est le symbole de la vie et de l'évolution ; d'autre part, par son ascension vers le ciel* il évoque tout ce qui est vertical, d'où un éventuel message sexuel.

L'arbre est une sorte d'étoile de terre, d'air et de vent à l'image d'une boussole, par ses pluridirections : ses racines avancent vers le monde souterrain, ses feuillages vers le haut, ses branches vers la droite et la gauche, tandis que son tronc est axe central.

Les arbres apparaissent souvent dans les rêves, ils peuvent être touffus, rabougris, abattus, fourchus, squelettiques... selon l'état psychique du rêveur.

● *Un arbre sans feuilles* donne au rêveur le conseil de mieux se cultiver et de faire des greffes pour qu'une floraison intervienne (il s'agit bien entendu de traitements symboliques qui s'intéressent à l'âme et à l'esprit du rêveur).

● *Un arbre trop et mal fourni, avec des branches enchevêtrées*, invite le rêveur à élaguer, à effeuiller et à enlever tout ce qui est inutile et accessoire voire étouffant dans sa vie pour permettre à l'essentiel de croître mieux.

● *Des arbres abattus et coupés en tronçons* indiquent que le temps d'une récolte est arrivé et qu'il faudra penser à reboiser.

● *Planter un arbre* est symbole de vigueur et d'implantation nouvelle ; mais il conviendra de connaître l'arbre en question afin de compléter le message.

● Par contre, *couper un arbre pour en récolter les fruits** qui se trouvent sur les branches est un conseil d'extrême prudence ; le rêveur doit comprendre qu'il ne peut sacrifier son avenir à son présent.

● *Certains arbres des rêves sont beaux*, grands, feuillus à souhait, aux couleurs riches en vert* et en or* : le message est alors à l'espérance ; le rêveur pourra, selon le proverbe, «se tenir au gros de l'arbre», soit avoir confiance en lui et compter sur ses propres forces.

Et c'est ainsi que l'arbre solide et rassurant du rêve pourra présager qu'une présence amicale et efficace se trouve bien dans l'entourage du rêveur ; à moins que, selon l'optique du théâtre du rêve qui superpose l'acteur et le spectateur, le rêveur soit informé qu'il puisse efficacement avoir confiance en lui.

● *L'arbre paré de soleil* et de boules lumineuses* prolonge pendant le sommeil la vision de quelque arbre de Noël.* Le message est alors à la joie, au plaisir quotidien, aux sentiments tendres et un peu enfantins.

Arc-en-ciel

Un arc-en-ciel* est le support des couleurs essentielles qui décomposent la lumière et, lorsqu'il apparaît dans un rêve, le rêveur saura qu'il est en contact avec des forces et des énergies exceptionnelles car le moment est pour lui à la décomposition de ses propres énergies afin d'en tirer la quintessence.

Argent

L'argent du rêve est le symbole du papier-monnaie, des finances et des écus sonnants et trébuchants, la clé des réussites et des ambitions et le nerf des guerres que le rêveur livre à lui-même et à autrui.

● Quand «ce bon serviteur et mauvais maître», comme dit le proverbe, apparaît, le message est à l'espérance ; le rêveur, selon les autres composantes du rêve, pourra «*faire de l'argent*».

Inversement, si dans le rêve l'argent lui manque, le conseil est de freiner ses dépenses et de réfléchir que si «*l'argent ne fait pas le bonheur*»; il peut cependant lui permettre de se tirer d'affaire.

● Lorsque dans un rêve, «*l'argent n'a pas d'odeur*»* le conseil est de vérifier les provenances de ces gains; attention à des origines suspectes qui pourraient valoir au rêveur quelques procès*.

L'empereur *Vespasien*, en établissant un impôt sur les urinoirs*, ne pensait pas que son invention allait servir d'image à l'inconscient des rêves. Et pourtant, lorsqu'une vespasienne apparaît dans un rêve, elle peut très bien être synonyme de banque*, d'endroit où le symbole argent-urine*, or-excrément* est fabriqué.

● *Si un rêveur se trouve à court d'argent*», le conseil, pour calmer l'angoisse que cet état suggère, est d'équilibrer son budget-énergie, affectif et financier.

● Enfin, *lorsque de la fausse monnaie apparaît*, il y a danger; il est possible que le rêveur fraude avec lui-même, avec ses propres énergies, à moins qu'il ne dévalorise celles des autres.

Le message est de toute façon au mensonge flagrant et le rêveur, pour éviter d'être pris pour un faux monnayeur, doit adopter des dispositions psychologiques morales et sentimentales plus honnêtes.

Argile

L'argile est plus que la terre* et moins que la boue*. Elle possède des qualités spécifiques qui lui permettent de résister à de hautes températures, d'être façonnée et travaillée.

L'argile apparaissant dans un rêve peut signifier,

comme il est écrit dans les livres sacrés, que le rêveur est en possession d'un limon qui lui permettra de créer et de pétrir des entreprises exceptionnelles.

Il est une image qui parle de fragilité malgré des apparences solides, celle du colosse aux pieds d'argile. Le message est pour le rêveur de ne pas se croire invulnérable.

Arlequin

L'arlequin du rêve, s'ajoutant aux symboles de l'acrobate* et du danseur*, possède des idées mélancoliques de dualité entre le rouge*, le blanc* et le noir, le sombre et le clair.

Le rêveur saura que son âme, son cœur et son esprit sont, à l'image du costume du personnage de son rêve, trop disparates, déguisés et instables.

Armes

L'arme est l'argument du faible qui se veut fort, le raisonnement affirmatif et sans souplesse du belliqueux, mais aussi l'instrument d'attaque et de défense servant à se protéger des monstres de toute nature qui peuplent la vie du rêveur. A l'instant où un rêveur en possède une et l'utilise, il avoue qu'il est dans un état d'infériorité et qu'il a peur.

Tous les types d'armes peuvent apparaître dans le rêve, du poignard au pistolet, de l'arc à l'épée, du fusil au bâton*. Le rêveur doit donc compléter son analyse avec la lecture des interprétations des armes particulières du rêve.

● *Les armes peuvent être en bon état*, luisantes de graisse, bien fourbies, *ou rouillées et inutilisables*. Dans ce cas, un premier message, facile à comprendre, apparaît. Il est évident qu'un rêveur, en possession d'un fusil cassé ou aux cartouches mouillées, devra savoir qu'il n'est pas au mieux de ses facultés et qu'il convient qu'il reprenne des forces, rectifie son tir — ses ambitions — ou change d'armes — de moyens.

● Par contre, *s'il possède une collection d'armes diverses*, le message est à l'espérance puisque des prises d'armes lui seront possibles.

Attention cependant s'il possède «*une arme à double tranchant*», car l'image indique au rêveur que les arguments qu'il utilise, les sentiments qui l'animent, peuvent se retourner contre lui ou avoir des effets opposés.

● *S'il apprend à manier des armes*, le conseil est qu'il connaisse mieux ses possibilités : *s'il a «l'arme au pied»*, il saura que ses forces sont prêtes à servir et *s'il a «l'arme au poing»*, il apprendra qu'il est temps pour lui de se battre pour ses projets, ses idées et ses sentiments.

● Une arme, notamment lorsqu'elle est pointue, offensive et offensante par ses coups agressifs, possède une signification sexuelle* ; le rapprochement entre le sexe masculin et les décharges violentes des armes est évident. Il appartient au rêveur de replacer l'arme dans le contexte de son rêve, afin qu'il en synthétise les composantes.

Armoire

Il y a souvent un placard, un meuble*, une commode et des tiroirs dans le décor d'un rêve. L'important est de savoir ce qu'il y a dans l'armoire en question car ce meuble contient ou cache toujours quelque chose que le rêveur doit analyser.

L'image n'est peut-être pas élégante (le langage du rêve ne s'embarrasse pas de courtoisie) mais l'armoire peut être le ventre maternel, ce premier tabernacle. Le rêveur, selon les autres ambiances et composantes du rêve, pourra comprendre qu'il a en lui une certaine nostalgie de cette période d'avant la naissance, où il était nourri, logé, choyé, heureux dans l'absolu. Il doit fermer à double tour cette armoire impossible qui avoue des passivités et des refus d'exister au présent.

L'armoire, le buffet et les tiroirs du rêve peuvent contenir des objets, des souvenirs, et des bibelots, mille choses ayant un symbolisme particulier. Il y a donc pour le rêveur le contenant et le contenu qu'il doit s'expliquer, en les associant, tant il est vrai qu'un coffre peut recéler un trésor*, de la poussière, des orfèvreries ou des miettes de pain*.

Artiste

L'artiste du rêve est rarement l'artiste qui excelle dans son art et qui fait dans la création, la décoration et les beaux-arts. Il est plutôt, avec une nuance d'ironie, le bateleur, fantaisiste, comédien, «qui fait» l'artiste par besoin de briller, d'être vu et applaudi, afin d'être rassuré sur ses propres possibilités.

L'interprétation, pour qui «*fait l'artiste*» dans son rêve, est aisée : qu'il cesse de faire le guignol car à défaut, ses paroles et ses sentiments ne seront pas pris au sérieux. Qu'il arrête donc ses farces et attrapes affectives, professionnelles, car à défaut, il sera vu comme un bouffon et lui-même se regardera comme son propre pître, ce qui dégénèrera en inquiétudes et en déprime.

Ascenseur

Cet appareil sert à monter et à descendre sans fatigue. En plus du phénomène d'une part d'ascension, de progrès et d'élévation et d'autre part de descente, de chute et de déclin se superpose une idée de prise en charge et de non-fatigue (on parle de monte-charge). Cette idée de facilité n'intervient pas dans des rêves d'escalier et de chemins de montagne où le rêveur a à marcher et à peiner.

Le rêveur qui emprunte un ascenseur se trouve ainsi soit en position de monter — et parfois l'ascenseur ne s'arrête pas : le rêveur se demande avec angoisse jusqu'où il va ainsi grimper et dépasser les toits — soit en position de descente — et l'ascenseur s'offre les mêmes fantaisies de ne pas s'arrêter où il est souhaité et continue à descendre jusqu'en-dessous des sous-sols* et caves* possibles et inimaginables. Et l'angoisse s'installe car qu'y a-t-il de plus effrayant que l'infiniment haut et l'infiniment souterrain avec leurs mystères, leurs fantômes et leurs irrationalités.

Si des heurts, des arrêts et des mauvaises manœuvres viennent abîmer la progression, le rêveur est informé que des obstacles se présenteront.

● *Si l'ascenseur monte haut et atteint des zones de lumière*, le conseil est donné au rêveur de prendre de l'altitude et de dépasser le quotidien terre-à-terre.

Sans tomber dans des excès hautains et altiers, le rêveur doit « traiter de haut » les circonstances de la vie et surtout les « regarder de haut » afin de les surplomber.

● *Si l'ascenseur n'en finit pas de descendre*, le rêveur est invité à visiter les profondeurs de son âme. Il ne s'agit pas de s'abaisser ni de se déclasser mais de fouiller dans les catacombes de son inconscient afin d'y découvrir quelques trésors* enfouis.

Le bas est aussi l'enfer avec son cortège de symboles obscurs, pervers. C'est pourquoi il est conseillé au rêveur de se promener dans son inconscience afin de s'y rencontrer et apprendre que certaines de ses fréquentations sont symboliquement « de basse classe ».

Il demeure que l'ascenseur, apportant un complément symbolique de non-fatigue et d'efforts réduits, le rêveur doit adoucir les interprétations par trop pénibles et augmenter le bien-être des interprétations agréables.

Assiette

Voir *aliment*

Assurance

Voir *automobile.*

Astre

Voir *air, ciel.*

Autobus

Une composante particulière aux transports en commun s'ajoute à celles de l'automobile*, des voyages, des départs et des arrivées. En effet, l'autobus, le train ou le tramway sont des moyens de transport conduits par un inconnu. L'aspect collectif du rêve est alors prioritaire ; le rêveur doit se replacer dans un contexte collectif et le message intéresse sa vie sociale.

● *Si les passagers qui l'accompagnent sont convenables*, propres, bien sous tous les rapports : l'entourage du rêveur lui est bénéfique. Par contre, si les autres voyageurs sont braillards, éguenillés, brutaux, le conseil est à la prudence : que le rêveur regarde donc autour de lui ce qui est à éliminer dans son entourage.

● *Le rêveur peut se trouver dans un train bondé* ; il

étouffe, manque de place, et ne peut s'asseoir ; le conseil est, s'il veut garder sa place au soleil, de faire le tri des gens qui l'accompagnent dans sa vie.

● *Le conducteur du train, de l'autobus*, tout en restant anonyme, peut conduire « comme un fou », prendre des risques, brûler les feux... Le message est important : il faut que le rêveur surveille qui « commande » chez lui et qu'il se méfie des personnes qui peuvent l'entraîner vers des catastrophes.

● Lorsqu'un rêveur se voit *obligé, malgré ses souhaits, de monter dans un transport en commun* parce que sa voiture est en panne*, la méfiance est de rigueur : il faut que le rêveur fraine ses dépenses et qu'il ne joue plus au grand seigneur — moralement, financièrement et psychologiquement — sinon il sera effectivement obligé de vivre et voyager comme et avec « tout le monde ».

Automobile

L'automobile apparaît souvent dans les rêves. Nos ancêtres rêvaient de chars et de carrosses et le XXe siècle, avec ses inventions qui roulent seules, que l'on conduit avec un volant et qui fonctionnent avec des énergies subtiles, a donné aux rêves de multiples symboles remarquables pour la compréhension des états d'âme du rêveur, de ce qu'il est réellement et de ce qu'il peut et doit faire.

Dans tout rêve d'automobile, deux analyses sont à faire.

— La voiture : comment est-elle, quelle est sa forme, sa couleur, sa puissance ; est-elle guimbarde ou limousine de luxe, le moteur tourne-t-il bien ou mal ; y a-t-il de l'essence ou est-elle en panne... ?

— Le conducteur : le rêveur pilote-t-il lui-même la voiture, conduit-il dangereusement, est-il maître de son véhicule... ?

Autant de questions dont les réponses permettent de définir le rêveur à un certain moment de son existence.

L'observation de la voiture est essentielle : elle est le domicile portatif du rêveur, elle est sa représentation, ce qu'il peut être, ce qu'il veut être, elle est ses possibilités, elle est lui.

Dans tout rêve d'automobile, trois idées maîtresses sont à retenir :
— le véhicule est conduit en principe par le rêveur, contrairement au rêve de train ou d'autobus où le rêveur est conduit par une personne souvent inconnue;
— l'automobile du rêve est «pas ou peu collective» mais personnelle; c'est la voiture du rêveur ou d'un autre particulier, alors que le train* ou l'autobus ne lui appartiennent pas;
— enfin, le véhicule est mû par une énergie indépendante du rêveur, le carburant, contrairement au rêve de bicyclette où des efforts personnels sont demandés.

● *Si la voiture est en bon état*, si le moteur tourne bien, le rêveur est assuré d'aller là où il veut ou doit aller sans encombres et en toute quiétude; il peut poursuivre sa route sans dommages.

Par contre s'il y a panne, il y a danger.

● *Tous les accessoires du véhicule possèdent des interprétations spécifiques* : l'essence est l'énergie personnelle, le tonus; le circuit électrique, les phares et veilleuses : les idées, les illuminations; les pneus : les forces physiques qui permettent d'avancer; la carrosserie : la représentation de soi, le comportement extérieur; le volant : la maîtrise de soi; les pédales, surtout de freins : l'autodiscipline, la volonté.

● *Si tous ces organes baignent dans l'huile*, si d'autre part le rêveur est bien assuré, s'il n'a pas perdu ses papiers, s'il n'est pas en infraction, le message est à l'optimisme et à l'espérance : il peut continuer sa route.

Par contre s'il manque une pièce, un boulon, de l'essence, un document, si les freins ne répondent plus... il y a problème.

● *Lorsqu'un rêveur, d'une manière générale, conduit bien son véhicule*, le message est au feu vert* : la route est libre et il peut avancer sur la voie qui conduit au but souhaité.

● *Etre dans une voiture qui n'est pas la sienne ou se perdre sur la route* : le message est de changer d'orientation et de cap puisque le rêveur semble avoir emprunté une route qui n'est pas la sienne ou qui ne le conduira nulle part.

Quant à chercher sa route, le message est simple : il faut que le rêveur réfléchisse à la conduite de sa vie.

● *Si le véhicule manque de carburant*, le rêveur n'est pas suffisamment approvisionné en énergie personnelle et il ne doit pas présumer de ses forces physiques et psychiques.

● *Avoir un accident**, buter sur un obstacle, être gêné par la circulation, tomber dans un fossé... bref être immobilisé : ces cas sont importants; il faut que le rêveur enlève les obstacles qui obstruent son existence, qu'il ôte les barrières, balise sa route et prenne des précautions pour éviter des accidents qui bloqueraient son évolution.

Tout choc dans un rêve a pour but d'indiquer au rêveur que des conflits se déroulent en lui, que des forces contraires se télescopent et qu'il doit prendre des dispositions pour éviter les blessures* et traumatismes psychiques ou affectifs.

C'est dans ce type de rêve qu'apparaissent en un deuxième temps, porteurs d'espoir, des médecins*, infirmières, trousses... à outils*, pour réparer les énergies du *rêveur.*

Aveugle

Etre privé du sens de la vue est angoissant. Si un rêve, dans sa toute connaissance de l'âme humaine, propose à son rêveur cette expérience de la cécité, l'avertissement est grave : il importe que le rêveur agisse, non plus sans discernement (d'où l'image du bandeau sur les yeux, de l'aveuglement, de l'obscurité et des lunettes* cassées...) mais en pleine connaissance de cause.

Il ne doit plus être l'aveugle instrument de ses passions, de ses instincts et de ses colères. Il lui faut enlever les œillères, faire tomber les écailles qui l'empêchent de bien juger, bien raisonner et bien voir.

La canne blanche, les tâtonnements, les visages aveugles de certaines statues (celle d'*Homère* par exemple) sont autant de conseils donnés au rêveur pour qu'il écarquille les yeux et qu'il ne soit plus coupable d'aveuglement. Alors seulement, s'il obéit à la sagesse du rêve, il sera perspicace et lucide et les vérités des choses, des idées et des sentiments lui apparaîtront en pleine lumière.

● *Il est possible qu'un rêveur, parce qu'il est aveugle, voie « autre chose »*, quelque vision dont il est le seul à bénéficier.

Le message est alors autre : le rêveur n'est plus infirme mais il est sur la route de son illumination intérieure ; il perd la vue des choses matérielles, concrètes et collectives parce qu'il est devenu clair-voyant ; il est — comme les devins *Tirésiais*, *Calchas* et autres personnages de la mythologie grecque — en possession de secrets ; il voit ce qui est invisible pour les autres.

Là est un conseil de générosité et d'aide : le rêveur aveugle devient le mage, le sage, l'œil* magique ayant le pouvoir et le devoir d'expliquer à ceux qui demeurent des mal-voyants, la richesse de leur âme et les labyrinthes de leur inconscient.

Avion

L'avion du rêve est à l'air ce que l'automobile est à la terre et le bateau à l'eau. La liaison avion — élément Air* propose des messages emprunts de spiritualité, de liberté et d'ascension. L'avion est pour le rêve cet oiseau* de métal qui permet au rêveur de s'envoler vers des espaces neufs et libres et d'être détaché des matérialités et des terre-à-terre trop pesants.

Le rêve utilisera ici les mêmes arguments que pour l'automobile et le bateau : panne*, obstacles, énergie, pilotage, permission, accident*... La différence essentielle résidera dans des idées d'ascension et non plus de progression à ras de terre, de libération du contexte terre-matière et d'évolution pouvant aller jusqu'à l'acrobatie.

● *Si tout va bien mécaniquement et que le pilotage est aisé*, le message est à l'espérance : le rêveur est autonome dans ses entreprises, il évolue bien dans son existence, il est libre et libéré.

● *Si quelque chose va mal*, le message est à la prudence : que le rêveur ne prenne pas de risques, qu'il attende, avant de prendre son essor, que la piste soit libre, le ciel dégagé.

● Le rêve, en utilisant le symbole de l'avion, peut se servir d'un argument que ne possède pas la voiture : *la chute, la vrille, la descente vers la terre*. Le conseil est alors à la prudence ; il faut que le rêveur comprenne qu'il est monté trop haut dans ses projets, qu'il a été utopique, s'éloignant trop des réalités terrestres. L'image est au collapsus des imaginations et des idéaux, trop élevés, confrontés à des instincts et des matérialités de toute sorte qui sont, eux, descendus trop bas ; et c'est le choc prévisible mais possible à éviter entre deux mondes, celui d'en bas et celui d'en haut qui est ainsi visualisé.

Avocat

Voir *prison, procès.*

Bagage

Toutes les espèces de sacs, valises, ballots, caisses, paquetages et équipages... qui apparaissent dans les rêves, permettent d'emporter avec soi tout ce qui est nécessaire pour un voyage, une traversée, un déplacement; et qu'importe la durée, le but du voyage, c'est le contenu, la solidité, la forme des bagages qui ont leur importance dans cette étude.

Le contenu des bagages fournit une multitude d'objets souvent fort hétéroclites qui doivent être analysés en fonction des situations personnelles.

Ainsi, une lettre dans une valise peut indiquer au rêveur qu'il donne beaucoup trop d'importance à des problèmes de correspondance, de circulaires et de courrier qui alourdissent sa vie; un bibelot inutile suggère qu'il doit se libérer de fardeaux et de charges vaines; des vêtements mal pliés, sales ou disparates indiquent qu'il est mal équipé pour partir, ou qu'il y est mal préparé.

● *Une valise vide* indiquera qu'il ne possède rien présentement pour prendre le départ : pas d'énergie, pas de moyens, pas de capacités.

● *Si un rêveur perd ses bagages*, que son fourre-tout s'ouvre et que son contenu s'éparpille, le rêveur doit accepter le message comme un avertissement : ses forces et ses aptitudes sont dispersées, perdues, mal entretenues et son potentiel de vie est alors inutilisable.

● *L'image de «plier bagages»* proposée par un rêve, précise au rêveur qu'il doit abandonner ses projets en cours, qu'il doit songer à d'autres travaux, d'autres plans, ou d'autres sentiments.

● *Etre sans bagage* est dangereux pour le rêveur, de même qu'*en avoir trop* ou en posséder de trop encombrants est un handicap pour sa progression.

● *Oublier de faire enregistrer ses bagages, les laisser sur un quai* ou *«remettre armes* et bagages» à quelqu'un*, indique que le rêveur n'est pas assez attentif à ses capacités, qu'il capitule trop vite ; et le conseil est qu'il reprenne en mains ses travaux et ses projets.

Bague

Voir *anneau.*

Baiser

Le rêve permet parfois des baisers affectueux, furtifs, amoureux et innocents. Le premier message est à la tendresse et à l'expression d'un désir d'union, pudiquement voilé en un léger attouchement.

Le baiser du rêve, qu'il soit ardent, avide ou, au contraire, anodin, cache un secret, celui mal formulé encore d'un désir physique et d'une muette espérance de corps à corps. Le rêveur doit réfléchir «qui» il embrasse et «qui» l'embrasse, car les messages de concorde et de communion d'idées et de sentiments ont besoin de partenaires nommément désignés pour se réaliser.

Le baiser que le rêveur donne et reçoit peut également dissimuler une crainte d'être mal aimé ; il exprime, par compensation, un état de manque affectif et sexuel.*

Le danger du baiser est illustré par le «baiser de Judas». Si le rêveur s'aperçoit avec inquiétude que le baiser qui lui est donné est perfide et qu'on le regarde avec suspicion, il saura qu'il doit se méfier de qui lui manifeste cette sympathie trop voyante.

Balai

Ce modeste outil* de travail des ménagères cache bien son rôle. Certes, il sert à enlever les poussières mais il est aussi utilisé, par les sorcières, pour se déplacer ; de plus, son manche a une signification phallique.

Le rêveur qui donne des coups de balai doit comprendre qu'il doit effectivement nettoyer sa vie et que des détritus, de vieilles et sales choses, sont à épousseter. C'est ainsi que le coup de balai du rêve peut suggérer une idée de licenciement ou encore une idée de déménagement*, de remise à neuf d'une maison* ou de dépoussiérage d'une vie de cœur réduite en cendres et en miettes.

D'autre part, le manche à balai par sa forme rigide, verticale, longue et lisse invite le rêveur à réfléchir aux exigences de sa sexualité et éventuellement à les maîtriser.

● Une histoire, assez rare mais possible dans les rêves, est celle où, *un balai ou quelque outil pouvant lui ressembler est en train de brûler.*

Elle est inspirée des Contes où des sorcières, quand elles ne chevauchent pas des balais baladeurs, les mettent à rôtir. Ces images convient le rêveur à arrêter ses dépenses et à mettre de l'ordre dans sa vie.

Balance

La balance du rêve est le symbole de la mesure, de la justice et de l'équilibre. Elle invite le rêveur à peser son temps, son âme, ses sentiments, ses pensées, ses souhaits... afin que toutes choses soient parfaitement en équilibre et harmonie, en lui et dans son existence.

● *Lorsque les deux plateaux sont en équilibre*, le rêve donne un quitus favorable aux comptes actif/passif du rêveur. Par contre, *si la balance penche d'un côté ou d'un autre* — et le côté concerné a son importance, la gauche symbolise le passé, la droite le futur —, le rêveur doit réfléchir à ce qu'il doit mettre dans les plateaux pour que l'équilibre soit rétabli.

● Il peut arriver qu'un rêveur soit en possession de poids*, de cailloux*, de tare qu'il doit déposer sur les plateaux de la balance du rêve et que celle-ci *oscille constamment sans que le fléau puisse trouver un point d'équilibre*. Le rêveur peut aussi ne plus avoir de «valeur» ou ne pas pouvoir arrêter les balancements du fléau. Le message est alors à l'instabilité, aux manques de force et de pondération et le conseil est de rechercher un juste milieu, de ne plus balancer ni tergiverser dans ses décisions.

● *La balance du rêve peut être un rappel de quelque procès* en cours* et selon ses mouvements, hésitants ou fermes, mobiles ou stables, le rêveur apprendra l'issue de ses affaires juridiques.

Le rêve puise dans ce cas dans l'arsenal mythologique et se sert de la déesse-justice, *Thémis*. La balance de cette dernière, toutefois, non contente de peser les problèmes humains, lui était aussi fort précieuse pour peser les destinées des hommes, ce que le rêveur ne doit pas oublier ; la balance de son rêve cache la secrète invitation à faire le compte exact de ce qu'il sait et de ce qu'il lui reste à connaître.

Baleine

Ce gros mammifère à la taille imposante — elle peut atteindre vingt mètres de long — entre dans la collection des monstres, pas forcément menaçants, qui hantent la nuit des temps et possèdent, comme l'éléphant*, une force colossale, capable de supporter le monde.

Lorsqu'une baleine ou un poisson* de grande taille,

capable d'avaler tout de go tout ce qui passe à côté de ses fanons, apparaît dans un rêve, le message est à la patience et à la méditation.

De plus, la baleine possède un ventre tellement immense qu'on raconte que Jonas y a vécu à l'aise pendant tout le temps d'une gestation.

Le rêveur se trouve ainsi invité à faire un séjour symbolique dans ce lieu d'immortalité afin de renaître à une vie nouvelle. Dans cette image, l'analogie entre le ventre-coffre de la baleine et le sein maternel est évidente et le rêveur doit accepter ces clichés comme l'indice d'un processus de transformation psychique.

Balle

Cette petite sphère apparaissant dans un rêve peut être jouet d'enfant*, objet sexuel*, invitation à saisir des opportunités ou phénomène magique : le symbolisme est différent selon l'éclairage du rêve.

Un rêveur qui aperçoit un ballon est donc invité tantôt à «saisir la balle au bond», c'est-à-dire à profiter des occasions qui peuvent se présenter à lui, tantôt à ne plus faire l'enfant et à ranger ses jouets*, ou encore à calmer des envies sexuelles.

Mais il peut être aussi convié à découvrir que le ballon du rêve possède une lumière* intérieure, quelque chose de magique, une couleur or ou argent qui ennoblit l'objet. Et la balle n'est plus un quelconque objet rond et roulant mais une sphère céleste, un disque à plusieurs dimensions évoquant étrangement le monde, la totalité du système ciel* et terre*, l'univers et ses mystères.

● Si dans son rêve le rêveur *n'arrive pas à saisir le ballon*, le conseil est de faire preuve de plus d'adresse dans ses affaires ; par contre, *s'il renvoie bien la balle*, le rêve indique plaisamment qu'il n'est pas dupe de la vivacité et de l'opportunité du rêveur à se décharger des affaires qui l'importunent.

Banane

Voir *fruit*

Barrage

Voir *digue.*

Banque

L'argent d'un rêve représente les forces et les énergies psychiques du rêveur. Cet argent peut être soit utilisé, soit investi, soit conservé dans une banque mais, dans ce cas, les énergies du rêveur se trouvent immobilisées.

Lorsqu'une banque apparaît dans un rêve, le message est à l'inquiétude ; il convient que le rêveur fasse ses comptes, vérifie ses provisions. Il ne s'agit pas uniquement de stock et de crédits financiers ainsi que de billets de banque mais et surtout de réserves et valeurs psychiques qui permettront au rêveur de réaliser des opérations de tous ordres, sentimentales, professionnelles, personnelles.

Le rêve de banque ou d'organismes financiers propose une idée de devise, soit des formules et des paroles que le rêveur doit trouver, donner, échanger pour pouvoir poursuivre le voyage de sa vie et mettre ses états d'âme et de cœur au cours du jour, des ambiances du moment.

● *Une banque possède des coffres-forts* qui renferment de l'argent*, des bijoux* et toutes sortes d'objets précieux. Un croûton de pain peut cependant, pour la sagesse du rêve, être enfermé dans un coffre* comme un bien plus inestimable qu'un collier de perles. Le rêveur doit comprendre, dans le cas d'un tel rêve, qu'il doit donner toute son attention au quotidien, aux nourritures terrestres car, à défaut, il manquera de ce pain devenu rare et digne d'être conservé dans un coffret.

● Les rêves de banque font intervenir des cambrioleurs, brigands et escrocs... *Il peut arriver que le rêveur se sente devenir voleur* ou veuille tenter de rajouter des zéros à quelques chèques. Le rêve explique alors des inquiétudes, celles de manquer d'argent et de moyens mais il indique aussi que le rêveur a des tendances qu'il a besoin de policer, puisqu'en s'appropriant quelque chose qui ne lui appartient pas, il a mis l'accent sur des excès de convoitise et des manques de scrupules.

● *Le coffre-fort du rêve*, dans certaines atmosphères, peut suggérer un besoin de protection et de se trouver dans un endroit à l'abri des problèmes de la vie et sous tutelle d'un ange gardien. Un rapprochement de la situation d'avant la naissance* est à faire alors par le rêveur puisque le sein maternel est, avec tous ses arguments de protection et de confort, un coffre-fort sécurisant, affectivement et psychologiquement.

Barbe

La barbe est un symbole de vitalité et de courage ; lorsqu'elle s'allonge, elle devient signe de sagesse et lorsqu'elle apparaît en bouc, en épi, à l'impériale, en barbiche... elle décore qui la porte de mondanités qui cachent quelques faiblesses.

«*Du côté de la barbe est la toute puissance*» fait dire *Molière* à son héros de *l'Ecole des Femmes* ; c'est ce que pourra croire le rêveur qui se trouve affublé d'une belle barbe, confortable et bien taillée. Il se retrouvera comme les guerriers francs, preux et courageux car barbus.

● *Si un rêveur porte une fausse barbe* ou quelques poils

en postiche, le message est à l'usurpation; il indique au rêveur qu'il n'a pas ou plus de courage suffisant, de vitalité et de potentiel symboliquement viril. Ce type de rêve rappelle l'histoire de ce héros celte, *Cuchulain*, à qui les femmes collaient une barbe au menton afin qu'il soit un amant puissant!

● *Si le rêveur a une barbe de huit jours*, peut-être faut-il qu'il taille et nettoie ses instincts mâles de tout ce qui les rend malpropres et négligés. Quand un rêveur n'a pas de poil au menton, le conseil est à la patience; ses forces sont encore trop jeunes.

● *Si le rêveur se fait couper la barbe ou s'il coupe celle de son voisin*, il y a de l'affront dans l'air du songe. Ce rêve rappelle le conte des cheveux coupés de Samson et le rêveur doit y voir un conseil de prudence : il n'a plus de forces suffisantes pour bousculer les piliers de son existence; qu'il attende que ses énergies repoussent...

Bateau

Le petit bateau de rêve explique l'inconscient; il permet de flotter, d'aborder sur des rives inconnues et de passer d'un point à un autre, comme peut le proposer un pont* ; il est sécurisant et porteur d'espoirs.

● *Lorsque le rêveur «mène bien sa barque»* et qu'il la conduit adroitement, le message est évident : il dirige bien sa vie et maîtrise ses projets et ses sentiments.

● Inversement, *s'il perd ses rames*, casse ses voiles*, s'empêtre dans les cordages*, s'échoue* — et la liste des handicaps de navigation est longue — le conseil est à la prudence : il se trouve mal barré pour continuer sa traversée et risque un naufrage dans ses entreprises à moins que ce soit lui, le rêveur, qui prenne l'eau, aux prises avec un inconscient chavirant, des inquiétudes qui le diluent et des angoisses de cœur qui n'en finissent pas.

La barque symbolique du rêve peut varier de la planche au voilier, de la barcasse à la coquille ; dans la forme, la grandeur et les accessoires se trouvent des messages supplémentaires.

C'est ainsi que piloter un grand bateau sans visibilité est dangereux pour le rêveur, comme se trouver navigateur solitaire sur un youyou de fortune au milieu d'une tempête.

La mythologie, toujours présente dans le théâtre des rèves, raconte l'histoire de la barque infernale de *Caron* qui traversait le Styx, le fleuve des enfers, avec les âmes des morts.

Lorsqu'une telle barque apparaît dans un rêve, le message est à la méditation ; pourquoi le rêve parle-t-il de l'au-delà au rêveur, qu'y a-t-il de l'autre côté de ce voyage ? Et le rêveur est invité à méditer des réponses qui engageront la totalité de son psychisme.

Bâton

Le bâton du rêve est à la fois arme*, comme peuvent l'être tous les pieux, pics, baguettes et cannes, et symbole de souveraineté virile et d'autorité, comme le sceptre et le phallus.

Le bâton du rêve peut apparaître dans des contextes multiples qui ont très souvent un message sexuel ; il ne s'agit pas toujours d'une sexualité concrète et palpable mais d'une sexualité symbolique ; ainsi le rêveur qui « reçoit des coups de bâton » ne doit pas s'arrêter à une première interprétation purement sexuelle mais comprendre que le bâton du rêve représente sa propre autorité et ses instincts de domination qui se retournent contre lui.

● *Lorsqu'un rêveur possède ce que l'on appelle un bâton*

*de vieillesse**, le signe est à la protection et au soutien. Par contre, *avoir un bâton cassé* invite à la prudence ; le rêveur risque en effet de voir son autorité se briser et ses forces, même physiques, abîmées. Il aura, selon l'image, les jambes sciées.

Qu'il comprenne également que son sexe sera symboliquement cassé (bien sûr, ceci concerne le rêveur masculin), comme le raconte l'histoire de Narcisse se mirant à mi-corps dans l'eau d'une rivière et « constatant un bâton rompu » par un jeu de réfraction.

● *Le bâton blanc** du rêve rappelle les messages du rêve d'aveugle* et de bandeau sur les yeux*, avec cette circonstance atténuante et favorable que le bâton blanc permet à l'aveugle d'être vu et de se faire aider.

● *Posséder un bâton de maréchal* est un excellent présage ; le rêveur sera promis à quelque dignité et, comme il est écrit que « tout soldat* porte dans sa giberne son bâton de maréchal », ce type de rêve peut s'adresser à tous ceux qui ont une âme guerrière et un esprit chevaleresque ou plus simplement à toute personne ayant quelque ambition.

● Un rêveur peut également *avoir des bâtons dans les roues** entre autre celles de son véhicule ; là encore le conseil est à la prudence ; qui les a mis et pourquoi ? Le premier travail que le rêveur devra accomplir en se réveillant sera de réfléchir aux obstacles qui gênent la bonne marche de son existence.

Béquille

Un rêveur handicapé, unijambiste ou blessé, à qui sont présentées des béquilles peut être rassuré. Le message est à la protection, à l'aide et à l'obtention de secours qui lui permettront de marcher droit.

Tous les ustensiles et instruments qui dans le rêve

soutiennent, renforcent et consolident, sont des messages bénéfiques car le rêveur est assuré de trouver les moyens, les énergies et les appuis nécessaires pour ne pas fléchir et défaillir dans ses entreprises, ses projets et ses sentiments.

● *Si un rêveur ne peut se libérer de ses béquilles*, le conseil lui est donné de prendre des dispositions pour s'assumer seul et de ne plus compter sur les autres pour favoriser sa marche en avant. Les béquilles de son rêve sont alors la brutale constatation de son impuissance à être soi à part entière, sans claudication d'aucune sorte.

Berceau

Le berceau du rêve est de la famille des coquilles, des petites barques*, des paniers et autres petits lits* dans lesquels il est doux de se recroqueviller et de s'endormir.

L'image du berceau parle de commencement, de naissance et d'origine, auxquels s'ajoute une idée de sécurité, de confort. C'est pourquoi le berceau du rêve invite le rêveur à devenir adulte et à abandonner une passivité peut-être fort agréable mais trop enfantine.

L'idée peut lui être suggérée également qu'il est en train de naître à une nouvelle vie et qu'il lui faut accepter tout le cheminement symbolique d'un après-accouchement*, d'un sevrage et des premiers pas...

C'est ainsi qu'être encore au berceau, pour un rêveur, n'est nullement péjoratif ou moqueur; cela indique simplement qu'il est au début d'un nouveau cycle de vie.

Berger

Le berger du rêve n'a pas changé depuis le déluge ; on ne le voit plus guère dans notre monde moderne mais le symbolisme du personnage n'a pas varié : il reste le conducteur, le guide*, celui qui connaît les routes* et les meilleurs endroits de repos et de nourriture* pour son troupeau. De plus, le berger possède des dons de silence et de méditation et il sait parler à la nature et aux animaux*. Il vit en contact avec les forces élémentaires et tranquilles de l'univers.

Lorsqu'un berger apparaît dans un rêve, le message est à l'espoir. Le rêveur est guidé vers une mission qui reste à définir, souvent au fil d'autres rêves. Il est possible que le rêveur soit informé qu'il a ou aura un rôle de meneur et de chef de file à assumer ; peut-être est-ce dans sa vie de tous les jours ou dans ses entreprises, ou peut-être encore est-il destiné à être le bon pasteur d'une organisation, d'un syndicat, d'une amicale.

Biche

La biche du rêve à l'art de faire naître de la douceur, de la sensiblerie et d'éveiller un petit quelque chose de magiquement enfantin.

Les contes ont tous leur biche, belle comme une jeune fille en fleur, tendre comme une femme amoureuse et capricieuse comme une adolescente. Sa beauté et son regard cajoleur sont d'essence féminine.

Le rêve est, ici, souriant ; il propose des joies faciles et des sentiments plaisants et tendres. Mais il peut également indiquer que le rêveur doit cesser de vivre sa vie comme un conte de fées où les princesses se changent en biche pour séduire un prince !

Il y a toujours une dose de tendresse amoureuse et de sexualité délicate dans le message de la biche, ce qui sera très rafraîchissant pour le cœur du rêveur.

Bicyclette

Le rêve de la bicyclette est fréquent car son symbolisme

est complet : le rêveur doit pédaler, il doit se tenir en équilibre et il est seul sur son engin. Lorsque ces trois composantes sont réunies, le rêveur peut être rassuré : il possède des énergies physiques et psychiques qui lui permettent de faire avancer sa machine* ; il est équilibré puisque sa bicyclette ne tombe pas et enfin, il s'assume en pleine responsabilité sans avoir à demander d'aide à quiconque.

● *Le rêve de la bicyclette peut proposer des efforts éprouvants, des problèmes* (de guidon, de chaîne ou de selle cassés), des angoisses (freins qui ne répondent plus); dans ce cas, le message est à la prudence : il faut que le rêveur prenne des dispositions pour éviter des accidents* et des fatigues inutiles.

Le rêve des freins en mauvais état, invite notamment le rêveur à ne pas se lancer, sans vérifier toutes ses possibilités et ses assurances, dans des entreprises qu'il ne pourra plus contrôler et qui le dépasseront; il peut s'agir aussi bien de sentiments que d'affaires professionnelles.

La bicyclette du rêve invite le rêveur, d'une manière générale, «à enfourcher la vie», «à se mettre en selle, tout en ne perdant pas les pédales.»

Bijoux

Les bijoux des rêves peuvent être de pacotille, précieux ou magiques. S'ils touchent à la futilité, leur message, en apparaissant dans un rêve, est élémentaire : il indique que le rêveur s'intéresse de trop près aux brillants de la vie et à ses verroteries. «Il regarde ses mains pleines de bijoux ressemblant à des écrins» comme l'écrit un poète et le rêve est là pour lui faire comprendre l'inanité de ces accessoires.

Mais le bijou n'est pas que pierres* dites précieuses, il

est aussi magique et contient des messages, à la limite de l'ésotérisme, que seul l'inconscient dans son infinie connaissance de toutes choses peut saisir.

Le rêveur, s'il veut bien apprendre le langage des pierres, des métaux*, des formes et des figures, saura alors qui le protège et pourquoi, de qui il est aimé, qui il doit aimer et enfin quelles sont les routes privilégiées qui le conduiront vers un oasis de paix.

Blanc

Lorsque la couleur blanche domine dans un rêve, un message ambigu est donné. Le blanc n'est pas une couleur et il n'existe que par sa contre-couleur, le noir.

D'une manière générale, il faut comprendre que le moment de la vie du rêveur est au repos, à l'incertitude, à la pureté aussi. Il ne se passe rien de positif ni de négatif.

La voix, le mariage, le jeu, l'opération,... sont «blancs» quand il ne se passe rien et peut-être en est-il de même pour cette période de vie du rêveur.

Blé

Tout ce qui est moisson, fruits*, grains... possède des messages favorables. Des boisseaux de grains de blé, des gerbes qui s'entassent, des champs de blé doré sont autant de présages de produits et de résultats bénéfiques. Il est merveilleux pour un rêveur de recevoir «ce riche présent de la blonde Cérès», comme l'écrit *La Fontaine*.

Par contre, *si un rêveur «mange son blé en herbe»*, le conseil lui est donné de ne pas gaspiller ses forces et de ne pas dépenser ses revenus et ses énergies avant d'avoir fait quelques réserves.

Blessure

Le rêveur ne souffre pas des blessures de son rêve car il semble anesthésié ; par contre, la vue du sang*, de cicatrices et d'amputations*, est angoissante. Le rêveur saura que quelque chose s'est déchiré dans son existence, dans son esprit ou son cœur.

Selon l'emplacement de la blessure, la manière dont elle a été faite et le genre de maladie, le rêveur apprendra ce qui est malade et blessé en lui et pourquoi ; c'est donc la localisation du mal qui le renseignera sur le problème à résoudre. Les blessures du rêve font intervenir tout l'arsenal des médecins*, des salles d'opérations, des médicaments et ce sont eux qui donneront ses conclusions au rêve.

La petite balafre, l'entaille, l'égratignure... intéressent non seulement le corps, l'âme et le cœur du rêveur mais aussi son amour-propre. Les blessures peuvent être faites « par la langue et l'œil » comme l'écrit *Balzac* et la souffrance que peut provoquer la griffe d'une dague est identique à celle que peut provoquer une méchanceté pointue.

Le rêve ne distingue pas le sang du corps de celui de l'âme ; il se borne à stigmatiser avec brutalité des points sensibles du rêveur afin qu'il se soigne et guérisse. Il demeure que la vision d'une blessure peut également être prémonitoire d'une opération à subir.

Bleu

Le bleu du rêve est celui du ciel* ; il parle d'infini, d'horizon lointain et de pureté absolue. Il indique que l'esprit du rêveur « nage dans le bleu » avec cette précision qu'il risque de se noyer dans des imaginations, des vagues à l'âme et à l'esprit.

Boisson

L'être humain a besoin de boire ; il ne vit pas seulement de pain* et de bonnes paroles, il lui faut s'hydrater et reconstituer les eaux originelles qui sont une des composantes essentielles de son organisme.

Le rêve peut proposer du vin, de l'eau* ou d'autres boissons ; l'essentiel étant que le rêveur ne meure pas de soif près d'une source* tarie, d'une fontaine salie ou d'une cruche cassée. Mais si cela était, l'avertissement serait important car la boisson du rêve — nourriture psychique — est indispensable pour désaltérer le rêveur, apaiser et calmer ses soifs de connaissances, de bonheur, de clarté et même d'infini.

Mais entre boire jusqu'à plus soif et boire au compte-goutte, les messages sont différents, et ce sont les autres composantes du rêve qui permettront de mieux comprendre les conseils ou les présages de prodigalité ou d'économie.

Boîte

Le rêve possède une collection inépuisable de boîtes de tout format et de toute couleur ; transformables, transportables, avec ou sans couvercle, en fer, en or, en bois, minuscules ou gigantesques...

Mais qu'y-a-t-il dans la boîte du rêveur ? Là est la question. Une boîte, par sa structure creuse, rappelle à la fois le corps maternel et l'inconscient. Les deux possèdent un secret, les deux sont comme une caverne d'Ali-Baba recélant des trésors*.

Lorsque le rêve demande à un rêveur de fouiller dans son inconscient pour y trouver quelque objet indispensable à son évolution, il se sert de ces mille et une boîtes dont certaines contiennent Pandore, la première femme créée par Zeus et qui symbolise tous les problèmes, les maux mais aussi les artifices et les beautés de la vie en général et de la femme* en particulier.

Boiter

Boiter dans un rêve peut être prémonitoire d'un accident* aux jambes ; il semble que l'inconscient, connaissant certaines faiblesses du corps, informe le rêveur des dangers qu'il encourt.

Mais être bancal, éclopé et béquillard dans un rêve, possède aussi une signification plus psychique. Ce rêve rejoint les rêves d'amputations*, d'accidents et de blessures déjà analysés.

Qui boite, marche en se dandinant et en équilibre instable : le prétexte du rêve sera d'indiquer au rêveur que quelque chose cloche dans son système de vie, qu'il n'est pas d'aplomb moralement ou affectivement et que des irrégularités se sont glissées dans ses manières de penser, de vivre et d'aimer.

Le rêveur est boiteux quelque part : les autres composantes du film du rêve permettront de compléter ce message, la boiterie du rêve pouvant illustrer également une claudication intellectuelle, spirituelle et mentale.

● *Il peut y avoir des faux rêves d'invalidité* lorsque, pour des raisons qui restent à définir, un rêveur fait semblant de boiter ; le songe donne dans ce cas le conseil d'éviter telle démarche, tel faux-pas car sinon « voilà ce qui pourrait arriver ».

Vulcain, dieu des Enfers, était difforme et boiteux ; l'histoire raconte qu'il l'est devenu après avoir découvert quelques merveilleux secrets. Ce conte mythologique doit servir de réconfort à tous les boiteux des rêves, qui avancent clopin-clopant sur le chemin de leur initiation.

Bombe

Tous les projectiles destructeurs qui s'abattent sur la tête, la maison, la ville du rêveur, viennent d'en haut. Il semble donc que ce soient les idées, les imaginations et toute la collection des représentations intellectuelles qui soient les lanceurs de bombes.

Il est indiqué au rêveur, par ce type de rêve destructif, angoissant et traumatisant, que quelque chose est à détruire dans son cerveau. Le bruit, les éclats, le feu* d'un bombardement, ont des analogies avec les maux de tête, les obsessions et les vertiges d'un cerveau torpillé par des idées obsédantes et des hallucinations.

Boucle

La ceinture*, le nœud, la corde* liée et la boucle relèvent du même symbolisme, la protection de soi; mais cette auto-défense est davantage sexuelle que physique et morale. Ainsi, la boucle du ceinturon pourra se faire tellement grande qu'elle deviendra bouclier, protégeant les parties génitales et la ceinture, par son rôle pratique de retenir le vêtement, évitera que le corps ne se dénude.

Les boucles d'oreilles* ont également une signification sexuelle; elles parent, elles décorent et renferment ainsi un message tacite de désir, de plaisir et de disponibilité amoureuse.

Le rêve de boucle indique, d'une façon générale, que le rêveur craint une certaine solitude, qu'il a besoin de se protéger contre des inquiétudes ou des fantômes intérieurs et qu'il lui est nécessaire de nouer deux bribes d'idées, deux corps de sentiments afin d'être en possession d'un tout sécurisant pour son équilibre.

● *Ne pas dénouer une boucle* laisse supposer une angoisse d'étouffement, un emprisonnement psychique. Le rêveur se trouve «bouclé, enfermé...»; le message est à l'urgence de trouver des clés* symboliques permettant une libération; une des clés pouvant d'ailleurs être une thérapie à base de psychanalyse.

Boue

L'eau* et la terre mêlées sont le symbole de la première matière vivante. La puissance évocatrice de ce mélange de terre détrempée, non exempte de détritus, de fange et de vase, est remarquable.

Lorsque de la boue ou du limon apparaissent dans un rêve, le message est primordial : de la boue sortent des objets pétris et des créatures sculptées; ainsi, dans la Bible, Dieu ayant soufflé sur le chef d'œuvre de terre et d'eau qu'il avait créé, il en sortit le premier homme*. Là est le message : le rêveur est assuré dans un tel rêve de posséder les matériaux essentiels pour lui permettre des transformations et des évolutions.

Le seul danger est qu'il veuille «bâtir sur la boue» : le rêve lui montrera alors combien ses initiatives sont sans fondement et surtout combien ses réalisations risquent de s'écrouler.

Boutons

Voir *furoncle.*

Bovidés

Ces animaux sont reposants à regarder ruminer et ils sont sécurisants par leurs produits alimentaires; ils sont pesants, rustiques, collés à la terre et fabricants de bouses; ils sont utiles et l'on comprend pourquoi ils étaient sacrés chez les Grecs ainsi que pour d'autres peuples.

Quand ils apparaissent en rêve, le rêveur reçoit un compliment : il est bon travailleur et capable de supporter tous les travaux et désagréments de l'existence avec la patience, la lenteur et la force sage de ces animaux.

Lorsqu'une vache apparaît, le conseil peut être à la tolérance et à la patience. La vache, la meilleure nourrice qui soit, est humble et soumise ; elle est la fertilité et il n'est pas impossible qu'en apparaissant dans un rêve, elle invite le rêveur à être fécond, créateur et toujours modeste.

Il reste une possible injure par l'image lorsque la vache du rêve ne superpose à telle personne que le rêveur connaît bien et dont il n'apprécie pas certain comportement !

Bras

Lorsqu'un rêve donne à son rêveur le bras long, il lui confirme ce qu'il pense souvent tout haut : qu'il est un être influent, puissant et fort, intéressant à fréquenter. *Il peut même arriver qu'un rêveur ait cent bras*, ce qui l'autorise à entreprendre beaucoup de choses en même temps.

Ces premières images donnent le ton symbolique de force et de courage de ce membre supérieur de l'homme qui a d'autre part le privilège de se lever, se croiser, s'arrondir, se balancer, se mettre en croix...

● *Rêver d'un bras coupé* rejoint le message de l'amputation* ou de la blessure* : il indique au rêveur que son potentiel et ses forces actives sont nulles et qu'il est privé, momentanément, de ses moyens.

● *Le rêve propose souvent l'image d'un poids ou d'une présence sur les bras*. Le conseil est à l'observation pour définir qui importune ou est une charge pour le rêveur.

« Vous voilà sur les bras une fâcheuse affaire » dit un héros du *Misanthrope* de Molière ; ce vers illustre parfaitement l'avertissement d'avoir à se débarrasser de ce qui peut entraver les gestes du rêveur.

● *Lorsqu'un rêveur a les bras levés*, il convient qu'il cherche quel crime il a pu commettre pour être ainsi prisonnier. Il lui faut alors, afin d'être pardonné par son inconscient, faire acte de soumission et se livrer à des réflexions plus policées.

Brouillard

Lorsqu'un rêveur est dans le brouillard, l'interprétation est simple : le brouillard est signe d'obscurité et d'opacité.

Les brouillards sont souvent angoissants pour le rêveur car il ne peut rien distinguer de ce qui l'entoure et toutes les formes demeurent confuses. Le rêveur qui a un brouillard devant les yeux, saura qu'il doit, comme l'aveugle*, attendre de voir clair avant d'entreprendre ou d'avancer.

De la même manière, celui qui est dans le brouillard, parce que dans son rêve il se retrouve ivre ou se sent l'esprit obscurci et confus, doit patienter et espérer une hypothétique lumière.

Comme avec le temps sortir du brouillard est une certitude, le rêveur saura que ce message, tout de mélancolie, d'ennui et de tristesse, cache cependant une grande espérance : celle d'une aube lumineuse et d'un nouveau soleil*.

Cabinet

Les rêves utilisent sans pudeur et avec réalisme cette petite pièce d'aisances pour remettre à sa juste place un rêveur. L'être le plus beau, le plus riche, le plus intelligent, le plus puissant, ne peut éviter de passer par ce petit endroit qui le met en contact avec les plus basses nécessités de son corps. Or, les rêves de cabinet ne sont pas impudents et le symbolisme de l'élimination du superflu au profit de l'essentiel est remarquablement explicite.

Un rêveur qui se libère de matières devenues inutiles doit comprendre qu'il s'allège de fardeaux sans intérêt et qu'il a réussi, après tout un temps de chimie intérieure, à se soulager de tout un fatras d'inutilités, d'imperfections et d'éléments stériles. Le message est alors à la libération d'un passé décomposé et à la désintoxication d'un temps de vie vidé de substances utiles.

Une liaison existe entre les excréments et l'or* ; les ânes* des contes de fées ont notamment le privilège de transmuer leurs déjections viles en un métal noble. Cette image n'est pas à rejeter car le langage du rêve, ne s'intéressant pas aux distinctions courtoises entre l'un et l'autre, ne voit que le phénomène de production de matière ; c'est ainsi que ce que fabrique l'être humain dans son cabinet peut être considéré comme un heureux présage financier.

Cadavre

Un cadavre est plus que mort et là est le message du rêve. La naissance et la mort* sont les deux grands thèmes du théâtre des rêves, le début et la fin de la représentation.

Mais ce rêve, excepté quelques rêves prémonitoires de mise au monde et de décès réels ne s'intéresse qu'à la vie psychique du rêveur ou de ses relations, notamment affectives et spirituelles, avec les êtres.

C'est ainsi que le cadavre qui apparaît dans un rêve, invite le rêveur à enterrer une fois pour toutes ses souvenirs, son passé, tout ce qui est mort en lui et hors de lui.

Le cadavre n'est pas pire que la mort, il est la concrétisation de l'état de mort et précise que si le rêveur continue à vivre avec le cadavre du sentiment, de l'amour ou du projet... il devra supporter une décomposition fort désagréable. Le message est précis dans son réalisme : il convient que le rêveur ne s'occupe plus de ce qui pourrit en lui ; il ne faut pas, comme le dit la sagesse populaire, « qu'il sente le cadavre » en se laissant pousser sans résister par des événements qui tourneront et s'achèveront mal.

● Le conseil est identique *lorsque le rêveur est ou voit « un cadavre ambulant »* ; indépendamment d'un possible message prémonitoire, il doit comprendre qu'il lui faut sortir de l'ombre d'une mort psychique qui le suit, qu'il remue sa vieille carcasse et ne transforme pas sa maison* en cimetière avec des comportements mortellement ennuyeux.

Cadeau

Voir *coupe.*

Cailloux

Voir *champ.*

Carré

Voir *croix, géométrie.*

Carrefour

Le rêve utilise dans ce symbole le chiffre quatre (carrefour = à quatre fourches) pour indiquer au rêveur qu'il se trouve à la croisée des chemins* de son existence. Le message est des plus faciles à interpréter : il est demandé au rêveur de choisir entre diverses voies, celle qui le conduira vers un but privilégié que l'inconscient connaît par cœur, par âme et par esprit depuis longtemps, mais qu'il ne voulait pas, tout à sa sagesse, dévoiler tant que le rêveur n'était pas prêt pour le mériter et l'atteindre.

Mais le rêve de carrefour comporte un deuxième message plus profond et peut être plus important ; en effet, un carrefour n'est pas une impasse, une fin, mais la proposition d'une nouvelle orientation, d'une nouvelle route. Le carrefour devient alors un rond-point puisque le rêveur peut et doit y tourner jusqu'au moment où, après réflexion et méditation, il aura défini sa meilleure voie.

Le message contient donc un zeste d'inconnu et d'espérance. Qu'y a-t-il au bout de cette nouvelle route ? Et le rêveur se trouve invité à la préparation et à la connaissance d'un nouveau style de vie, étant entendu que si le rêve fait intervenir ce symbole, il est évident qu'il le fait pour le mieux-être de l'âme du rêveur.

Carrosse

Voir *automobile.*

Carte

Le mot carte permet de multiples interprétations. Il y a *les cartes à jouer* qui proposent leurs atouts bénéfiques au rêveur ; *les cartes géographiques* qui lui permettent de préparer ses voyages*, de franchir des étapes sans risque de se perdre, de connaître les meilleures routes ; *les cartes de visite*, style bristol, qui lui permettent d'imprimer, noir sur blanc, ses noms, titres et qualités et enfin toute la kyrielle des *cartes d'alimentation, d'identité, de crédit*... qui lui donnent des droits et des avantages.

Tout être humain est également « en carte » : qu'il le veuille ou non, il est fiché, étiqueté sur des cartons perforés, miniaturisés, portraitisés.

L'inconscient connaît parfaitement tous les usages et les définitions du mot et le rêveur doit replacer sa carte

dans le contexte de l'atmosphère de son rêve ; chaque indice a son importance, chaque lettre est capitale, et chaque forme est majuscule.
D'une manière générale, les rêves où apparaissent des feuilles, des documents, des plans, toutes espèces de cartes... indiquent que des nouvelles orientations doivent être envisagées et que le rêveur doit changer symboliquement de nom, suivre une autre route ou encore sortir de nouvelles cartes qui seront peut-être des atouts.

La carte invite le rêveur à trouver son identité par de multiples et originaux moyens, l'informe qu'il doit « jouer cartes sur table » et qu'il ne doit pas bâtir de projets en « château de cartes ».

Un autre message bénéfique peut lui donner le droit d'envisager son avenir en pleine et unique responsabilité, c'est celui qui revêt la forme d'une « carte blanche » ; par ce geste symbolique, le rêve l'autorise à être lui-même à part entière.

Cartomancienne

L'art de tirer, de lire et d'interpréter des petits rectangles de carton sur lesquels se trouvent des signes cabalistiques, celui de deviner le passé, le présent et l'avenir, cet art est d'essence magique. Les personnes qui possèdent ces dons sont à la fois des conseils en futur, des placebos capables de soulager les inquiétudes d'exister, et des protège-âme chargés par quelque puissance divine d'expliquer les mystères de la vie et de la mort.

Ces êtres nantis de pouvoirs surnaturels sont indispensables pour l'hygiène psychique des êtres. Lorsqu'ils apparaissent dans un rêve, le moment est essentiel puisque l'avenir du rêveur est concerné. Il y a cependant plus qu'un message de « bonne aventure » dans ce rêve ; l'accent est mis sur les plans occultes du psychisme du rêveur, soit son inconscient avec tous ses méandres inventés par quelque *Dédale* psychanaliste.

Et c'est pourquoi le rêveur à qui l'on tire les cartes de

son destin saura que son devenir lui sera dévoilé et qu'il connaîtra des atouts bénéfiques pour son psychisme.

Casque

Le casque du rêve est protecteur de la partie supérieure du corps du rêveur, là où se trouve le monde des idées, de l'esprit ou de ce qui est « en haut. »

Le casque de guerre* classique n'a pas d'autre rôle que d'indiquer au rêveur qu'il doit faire attention à tout ce qui peut lui tomber symboliquement sur la tête* mais qu'il peut également « foncer tête baissée », puisque celle-ci est armée.

Le casque étant la coiffure du guerrier, comme la mitre est celle d'une homme d'église et le képi celle du facteur, le message est à la force, au courage et même à l'agressivité.

Le casque du rêve possède une signification plus magique, illustrée par le conte mythologique dans lequel *Hermès* devient invisible à l'instant où il pose un casque sur sa tête. Le rêveur pourra ainsi espérer, par le casque du rêve, devenir symboliquement invisible, soit être sans exister, ou être puissant par l'esprit.

Castration

Le rêve de castration chez un homme indique une crainte ; non pas celle d'être effectivement amputé de son membre viril mais celle de ne plus être un homme à part entière, d'être privé (ou en état de faiblesse) de ses attributs symboliquement mâles.

Un rêveur qui se trouve castré en rêve doit reconsidérer sa vie, notamment sur le plan sexuel*. Il est possible qu'il soit psychologiquement privé de sa virilité eu égard, par exemple, à une épouse, compagne ou mère* castratrice.

Le rêve de castration est à prendre très au sérieux car, plus que l'amputation* d'une jambe, d'un bras, d'un nez... c'est l'être dans ses parties intimes et génitales — c'est-à-dire capable de fécondation et de reproduction — qui est visé.

Mais il n'est pas exclu que le rêve de castration informe le rêveur qu'il est sur sa route d'individuation et que le moment est davantage aux choses de l'esprit qu'à celles du sexe. L'image de cette castration brutale et réaliste doit alors être vue par le rêveur, conformément au langage du théâtre des rêves, qui ne s'embarrasse pas de périphrases morales et pudiques, comme un message d'orientation nouvelle. Les instincts qui grouillent en-dessous de la ceinture, toutes ces choses d'en-bas, seront vus de haut et serviront, en vertu, d'un phénomène de sublimation, à mieux comprendre et vivre son évolution.

Catastrophe

L'étymologie grecque du mot est suffisante pour illustrer celui-ci (catastrophe = bouleversement). Tous les rêves qui font intervenir des accidents*, des cataclysmes, des drames, sont angoissants pour le rêveur. Le moment du réveil, notamment est fait d'interrogations inquiètes. Etre sain et sauf le matin du rêve-calamité relève du miracle et le rêveur pour calmer ses appréhensions n'aura de cesse que de trouver quelques clés* des songes qui le rassureront.

Dès qu'une catastrophe se produit en rêve, le message est important pour la vie psychique du rêveur car des bouleversements sont à prévoir. Mais il ne faut pas donner au mot une unique signification concrète : un rêve d'incendie* ne veut pas dire que la maison flambera ! La catastrophe du rêve intéresse davantage le psychisme du rêveur. C'est donc lui, le rêveur, qui fera l'objet d'une mutation psychologique, de rupture, de métamorphose et de mises sens dessus-dessous.

Il conviendra de toutes façons de replacer le rêve dans

son ambiance générale et d'analyser chaque composante afin que le préfixe *« cata »* soit bien compris et utilisable. Ces quatre lettres entrent en effet dans nombre de mots qui contiennent des idées de « en arrière, en dessous... » comme cataclysme, catacombes, catalepsie... Ce préfixe est significatif, soit d'un empêchement de progression par des retours en arrière dans les zones préhistoriques de l'inconscient, soit d'une influence des instincts primitifs. Et là est le message pour le rêveur : c'est dans les profondeurs de son psychisme que se produisent les catastrophes, préludes à des modifications, des découpages, des transformations « de fond en comble » qui annoncent l'imminence d'un processus d'individuation.

Cave

Que trouve-t-on dans une cave? Pêle-mêle s'entassent les mille et un objets qui ne servent pas ou plus en même temps que des éléments aussi essentiels que le charbon, le vin ou les conserves. Il y fait frais et sombre ; l'impression est à l'enfoncement, au contact avec les entrailles de la terre aux odeurs d'humus et de poussière.

Le rêveur qui descend dans une cave reçoit le message de fréquenter les parties souterraines de son psychisme, là où sont enracinés ses instincts. Il y découvrira des explications à ses comportements parfois trop impulsifs et à ses inquiétudes non exemptes d'une sensualité diffuse.

Le rêve de la cave insiste sur les tendances à fouiller la terre afin d'y trouver de la nourriture, à creuser des terriers protecteurs qui sont ceux de tous les animaux, y compris l'animal-homme.

Certes, l'homme est moins primitif qu'il le fût mais demeure, irrévocablement programmé dans les couches de son inconscient collectif, tout un attirail d'impulsions et d'attirances pour et vers les choses d'en-bas; c'est pourquoi, lorsqu'un rêve voit l'opportunité d'inviter un rêveur à fréquenter une cave, un univers de basses-fosses et de souterrains, c'est que le sous-sol* psychique de ce rêveur est à analyser, à nettoyer. Le conseil est, après un temps de repli sur soi-même, de rechercher la lumière*.

Caverne

Toute cavité recèle des mystères qui peuvent rester fantômes ou devenir trésors*. Sombres, profondes, les excavations du rêve invitent le rêveur à des décryptages — à l'instar de ceux qui sont faits à propos des peintures rupestres trouvées sur les parois de certaines cavernes.

Pendant des millénaires, l'homme a vécu dans des cavernes : elles étaient rassurantes une fois explorées; or, l'inconscient collectif a conservé toutes les peurs, les visions et les bien-être de ces époques préhistoriques. De la même manière, l'enfant* conserve dans sa mémoire inconsciente les souvenirs du temps où il vivait heureux dans la caverne maternelle, accueillante et essentielle à toute vie.

Le rêve utilisera ces images de la grotte et de la caverne lorsque le rêveur a besoin de se retrouver *Lui* avant que de naître, lors par exemple d'un processus d'individuation. La caverne est, alors, pour le rêveur, le sein* maternel, l'endroit semi-obscur, à la fois mystérieux et rassurant où il se prépare à une re-naissance.

Ceinture

La ceinture du rêve peut être serrée ou dénouée, de sécurité ou inutile elle peut même être porteuse d'arme*..., mais le sens premier du symbole étant à la clôture, à l'encerclage, le rêve donne à son rêveur des messages de fidélité, de confort et surtout de protection.

● *Rêver que «l'on se serre la ceinture»* peut inviter le rêveur à surveiller ses dépenses et son train de vie afin d'avoir toujours de quoi se nourrir symboliquement.

● Par contre, *rêver d'une ceinture trop lâche* au point d'avoir un pantalon* qui tombe ou des vêtements prêts à traîner dans la poussière, peut convier le rêveur à faire attention à son comportement psychique par trop négligé. Le rêveur doit comprendre qu'il a l'âme et le cœur débraillés, en instance de perdre leurs vêtements* protecteurs et qu'il est jugé avec dédain et pitié et considéré comme peu crédible et poltron.

● *Posséder une ceinture solide* est un symbole bénéfique. Le rêve connaît le rêve mythologique où il est conté que la déesse Vénus, à l'instant où elle portait sa ceinture d'or magique, possédait tous les talismans possibles, ceux qui lui donnaient le bonheur, l'amour, la beauté ainsi qu'une puissance et un magnétisme irrésistibles sur les hommes !

● *Lorsqu'un rêveur perd ou ne peut se servir de sa ceinture*, le message est à la prudence ; il semble qu'il ne soit pas prêt à affronter les dangers et les obstacles de la vie.

● Enfin, *rêver d'une ceinture en or** est le présage d'excellents résultats qui ne seront pas uniquement financiers — le symbole de protection ne se limitant pas à cette idée de gain matériel.

Cercle

La définition du mot contient les données du message. Un cercle est une surface limitée par une courbe dont tous les éléments se trouvent à égale distance du point central ; ainsi, le cercle du rêve indique au rêveur qu'il a réussi ou qu'il est en passe de réussir une focalisation de ses énergies. Le rêve insiste sur une centralisation des composantes du psychisme, c'est donc le rêveur lui-même qui se trouve concerné, son cœur psychique, son noyau, son *Moi*.

Toutes les images dans lesquelles interviennent des cercles et des ronds sont possibles : le magasin des accessoires du théâtre des rêves n'est jamais en peine de trouver une roue*, une auréole, une montre, un cerceau, un anneau*...

Le cercle du rêve possède une signification magique que les enfants connaissent bien lorsqu'ils en tracent un sur le sol afin « de ne pas être pris ». Le cercle est protecteur, il rejoint le symbolisme de l'anneau* et du collier, de tous les talismans* de forme ronde qui, en plus de leur rôle de parure, enveloppent et sauvegardent qui les porte d'une cuirasse invisible.

Le cercle du rêve indique au rêveur qu'il peut entreprendre de nouveaux projets, qu'il ne sera pas prisonnier d'inquiétudes et de problèmes, étant symboliquement invisible !

Cerise

Voir *fruit*.

Chaise

Le rêve qui propose un siège à son rêveur l'invite tout simplement à s'asseoir un moment et à faire une halte sur la route* de sa progression. Qu'il soit capitonné ou en bois dur, un siège permet un temps de repos. C'est ainsi que le rêveur doit comprendre que son psychisme est fatigué pour des motifs qui restent à définir et que la chaise du rêve est la bienvenue pour reprendre des forces et souffler un peu.

Dans le mot *siège* apparaît une idée de résidence et d'établissement, c'est pourquoi lorsqu'un rêveur dépose sa chaise à un certain endroit, le message est à l'installation : il est temps pour le rêveur de s'arrêter de vagabonder par monts et par vaux; il est temps pour lui de rechercher un endroit pour se fixer et ce seront les autres composantes du rêve qui détermineront les meilleures options pour cet établissement.

Chambre

La chambre à coucher du rêve possède une signification érotique et sexuelle*. Il est rare que le rêveur rêve qu'il dorme, ce qui ne l'empêche pas de rêver qu'il rêve! Par contre, la chambre est meublée d'un lit ou d'un matelas sur lequel il se passe toujours quelque chose.

● Comme il est vrai que le rêveur «fait son lit comme il se couche», le rêve ne se gênera pas pour utiliser cette image pour lui montrer qu'il se comporte mal!

Rêver d'un lit mal fait, aux draps et couvertures sales, désordonnés, troués, indique que le rêveur doit revoir ses comportements par trop négligés dans certains domaines de sa vie et notamment celui dans lequel il a à «se mettre au lit».

● *Si un rêveur voit sa ou une chambre occupée par un lit immense*, le conseil sera peut-être de donner moins d'importance à des histoires d'alcôves.

Les formes du lit, les couleurs des draps et des couvertures, les personnes qui s'y trouvent, ont leur importance dans l'analyse du rêve car la chambre seule n'est jamais qu'une pièce vide où le rêveur est en instance d'amour*.

● Il est possible que le songe demande au rêveur de «*faire chambre à part*», il convient dans ce cas qu'il envisage une séparation effective avec la personne qui partage sa couche.

● D'autre part, il peut lui être commandé de «*garder la chambre*», ce peut être là un message prémonitoire annonçant un état de fatigue, à moins que le rêve ne veuille simplement suggérer au rêveur de ne pas sortir de « chez lui », autrement dit, de ne pas faire de confidences sur ses projets et ses sentiments.

● *Si la pièce est froide*, le rêveur est informé que les sentiments qui pourraient l'amener à user d'une « chambre d'amour » sont eux aussi glacials.

● *La chambre est aussi un endroit de repos* où le corps s'allonge, l'esprit s'endort et l'âme rêve. Si le contexte du rêve est agréable à vivre, un message de paix et d'équilibre est proposé. Après une nuit* de sommeil réparateur, le rêveur, purifié de ses fatigues, sera prêt pour une nouvelle journée. La chambre du rêve devient alors l'endroit insoupçonné pour une initiation personnelle.

Champ

Plutôt que de devenir des Champs Elysées, illuminés et artificiels, célébrant les victoires de la foule sur l'homme seul, les campagnes du rêve préfèrent présenter leurs moissons, leurs cultures et leurs labours.

Le champ du rêve, lorsqu'il n'est pas désséché, troué d'ornières et que sa végétation est colorée, belle à voir et à manger, annonce quelques paradis terrestres. Le message est à la paix tranquille et aux plaisirs élémentaires, comme ceux du paysan qui ne se pose pas de questions métaphysiques à l'instant où il parle de la terre* et où il est en contact avec la nature ; comme ceux du jardinier* qui ordonne les végétaux et aime les plantes, les fleurs* et les fruits*.

● *Si le champ est rempli de cailloux et de broussailles*, si la campagne est en friche, que les graines sont mauvaises, les outils* abîmés ou cassés... le message est à la prudence. Le rêveur doit accepter de se transformer, l'espace d'une saison de semailles et de moissons, en paysan attentif à enlever les mauvaises herbes qui envahissent son psychisme, à ôter les pierres qui empêchent ses bonnes intentions et ses projets de pousser.

● *Un rêve peut donner la clé* des champs à son rêveur* : le message est alors qu'il prépare un départ et lorsqu'un autre songe fait courir le rêveur à travers champs, le conseil, là encore, est à la prudence ; il faut que le rêveur maîtrise son comportement et ne se lance pas dans des projets désordonnés.

Chant

Voir *coq*.

Chapeau

Le couvre-chef du rêve a plusieurs utilités. Le premier message est à la sécurité, il protège le monde des idées et ce qu'il y a dans la tête du rêveur.

● *Lorsqu'un rêveur voit une coiffure qui lui sied bien* ou qu'il n'a pas envie d'en changer, le message est à l'équilibre : ses idées sont à leur place et il ne « travaille pas du chapeau » !

● *Si le rêve lui donne un chapeau ridicule*, s'il se voit affublé d'un galurin qui n'est pas le sien, que sa casquette ou autre melon sont sales et troués, le message est à la prudence : il faut qu'il mette « chapeau bas » avec ses idées biscornues, qu'il « change de tête » puisque celle-ci ne peut être bien couverte et bien protégée.

Le deuxième message est à la souveraineté ; en effet, une coiffure est distinctive d'un sexe*, d'une profession, d'un grade, d'une puissance.

Ainsi, *un rêveur qui porte un chapeau de midinette* doit comprendre que son psychisme est trop efféminé, qu'il doit faire acte d'homme et non se conduire comme une cocotte ; *un rêveur qui est coiffé d'un chapeau de clown* apprendra que tout le monde le voit comme un guignol ou, ce qui est peut-être pire, que son inconscient n'apprécie pas ses pitreries.

Les rêves de casquette de capitaine, de feutre mou, de canotier, de chapeau de cardinal, donnent au rêveur un message spécifique qu'il faut replacer dans un contexte onirique personnel mais l'avertissement reste le même au niveau soit d'une usurpation psychologique de titre, de qualité, d'aptitudes, soit d'une transformation souhaitable des idées de base du rêveur.

Certains rêves peuvent également insister sur la valeur sexuelle du chapeau. Se parer d'attributs coiffants n'est pas sans quelque désir de plaire ; de plus, la forme creuse des coiffures possède quelques suggestions érotiques.

Charbon

Le charbon du rêve est le symbole d'une énergie latente, encore cachée et le message est à l'espérance : le rêveur possède en lui une énergie en puissance de..., un combustible qu'il lui faut exploiter.

Lorsqu'un rêveur « va au charbon » ou doit y aller, il doit comprendre que le moment est venu pour lui d'entreprendre un certain travail, qu'il doit s'attendre à peiner et œuvrer comme peuvent le faire les mineurs de fond qui remontent des entrailles de la terre ce minerai qui chauffe, éclaire et a en lui une force matérielle qui n'est cependant pas inusable.

Le rêveur ne doit jamais oublier que, lorsque le charbon apparaît dans son rêve, il est en contact avec des étincelles de force et des pépites d'énergie qui, par un phénomène de combustion psychique, passent du noir occulte et mystérieux au rouge* des ardeurs et des passions.

Charrue

Tous ces outils du monde de la terre* qui ont pour fonction de creuser la terre, de tracer des sillons destinés à recevoir des germes, possèdent un symbolisme sexuel*.

Le rêveur doit comprendre qu'il est en puissance de fécondation puisqu'il prépare la terre-femme avec des outils-mâles.

Le message est favorable puisqu'il invite le rêveur, en un deuxième temps, à semer, ce qui lui fait espérer, en un troisième temps, une moisson.

Chat

Le symbolisme de ce mammifère soyeux, ronronnant et énigmatique, est sournois. L'animal peut griffer, faire le gros dos, s'étirer, mordre ou faire pattes de velours mais il reste apparemment insensible... Qui est le chat?

Le rêve où intervient un chat doit être analysé avec ses autres composantes car des ambiguités peuvent provoquer des interprétations fantaisistes. Le proverbe dit : «Il ne faut pas réveiller le chat qui dort»; peut-être est-ce là le meilleur message du rêve!

Le chat et en particulier, le chat noir* a de tout temps été un animal magique. Il invite le rêveur à réfléchir à certains incidents qui se passent dans son existence, à en rechercher les causes secrètes et à découvrir qui peut, dans son entourage, être ce chat-baraka qui porte chance ou ce chat-noir qui porte malheur.

D'une manière générale, le chat du rêve indique que le rêveur doit faire preuve de plus de souplesse et de clairvoyance et qu'il doit, afin de retomber sur ses pattes, demeurer silencieux mais attentif, rester à l'affût mais invisible.

● Il y a souvent dans la vie de cœur d'un homme quelque femme-chatte qui sommeille. *Le rêve qui fait intervenir une chatte onduleuse* aux yeux mi-clos, câline et gourmande mais insaisissable, est un avertissement; il faut que le rêveur surveille prudemment qui est cette femme qui cache sous des sentiments de velours des traîtrises et des «toutes griffes dehors».

● Ce doux félin — et ce nom lui va comme un gant souple et gracieux —, *apparaissant dans un rêve de femme*, invite celle-ci à prendre conscience de sa féminité; qu'elle ne refuse pas sa condition de femme capable des meilleures caresses et en même temps des plus acérées griffures.

Château

Sorti de la panoplie des contes de fées et des histoires extraordinaires où des chevaliers et des princesses se rencontrent, où des prisonniers sont enfermés et s'évadent, le château est un symbole de majesté, de retraite et de protection.

Le château du rêve peut être installé sur des montagnes escarpées et être hérissé de tours et de remparts crénelés; il peut apparaître au milieu d'un paysage verdoyant et être auréolé d'une majesté louis-quatorzienne; enfin, il peut être château de sable léché par les vagues...

Le château du rêve met surtout l'accent sur une solitude intérieure, sur des peurs et tourments que le rêveur voudrait fuir puisqu'il cherche à s'isoler derrière de grosses murailles protectrices.

Le château est l'illustration de l'inconscient du rêveur; le langage de remparts, de cours intérieures, de chambres secrètes et d'oubliettes, de tours de guet et de chapelle... lui est donc parfaitement compréhensible.

Tel est le message essentiel pour le rêveur : qu'il se promène dans son château-inconscient afin de découvrir ce qu'il cache et recèle sans oublier qu'à l'instant où tous les couloirs secrets et les portes dérobées lui seront connus, il sera rassuré et «maître chez lui».

Chaussure

La chaussure est au pied ce que la coiffure est à la tête : un élément de protection et de confort mais aussi signe distinctif, parure et marque d'autorité. Il existe cependant une différence essentielle entre la coiffure qui intéresse le domaine des idées et des tête-à-tête, et la chaussure qui s'occupe du plan des matérialisations, du concret et du terre-à-terre.

● *Si la chaussure du rêve est au pied du rêveur*, si celui-ci «est bien dans ses souliers», il peut être rassuré, il ira d'un bon pied et d'un bon pas là où est son devenir le plus avancé.

● Par contre, *avoir aux pieds des chaussures trop petites,* mal lacées, aux semelles trouées, indique des faiblesses et le rêveur n'ira pas loin avec ses énergies mal en point et ses forces qui ont besoin d'être ressemelées.

● *Si quelqu'un marche sur les pieds du rêveur*, le rêve est significatif d'impolitesse mais surtout de problèmes de liberté. Le rêveur semble infligé de quelque punition que son psychisme doit comprendre et subir.

Les chaussures peuvent varier à l'infini : du brodequin délicat qui fera comprendre au rêveur qu'il n'est pas doué ou prêt pour entreprendre une longue marche, à la savate qui lui montrera qu'il est aux yeux de son inconscient plus traînard et pantouflard qu'actif, en passant par les chaussures à clous qui lui indiqueront qu'il manque de légèreté dans ses comportements...

La panoplie contient des symboles qui doivent être analysés dans l'ambiance générale du rêve. Chaque adjectif du rêve a aussi son importance : usé, éculé, rapiécé, luisant, déformé... Le rêveur doit adapter ces images à son psychisme.

Le pied possède également un sens sexuel*. L'expression

déjà notée de trouver «chaussure à son pied», s'adresse aux rapports masculin/féminin. La chaussure du rêve est alors l'enveloppe, le fourreau, le vagin d'un membre-pied qui espère y trouver une aisance et un bien-être tels que le rêveur pourra y jouir sans mal et sans craindre l'apparition de cors superflus.

Chemin

La vie est une route à parcourir avec des étapes, des carrefours* pavés de bonnes intentions mais aussi bordés d'épines et de broussailles.

Il faut faire son chemin d'une manière ou d'une autre et le rêve ne se prive pas de montrer les meilleures routes au rêveur, de lui couper ou barrer les routes qui ne sont pas bonnes pour lui, de lui faire prendre des raccourcis et de le faire grimper par des chemins escarpés qui longent les précipices.

D'une manière générale, tout chemin est bon à prendre pour le rêveur car il lui indique qu'il n'est pas immobile et qu'une voie est offerte. D'autre part chaque rêve de chemin apporte ses accessoires : bagages*, chaussures*, panneaux indicateurs, compagnons de route, destination... Chaque composante est à définir : ainsi, le rêveur comprendra que les routes barrées sont des messages de patience, que des sentiers escarpés le conduiront vers des hauteurs propices aux réflexions et que les ornières sont des obstacles à contourner, la conclusion étant qu'au bout du chemin se trouvent une oasis, une maison* réconfortante, un havre de paix, un but final que l'inconscient du rêveur connaît par avance.

Chenille

La chenille rampe, c'est là son moindre défaut ; puis elle devient oiseau*. «Voyez mes ailes... !», c'est là son meilleur message. Insecte hybride, à la fois mal aimé en tant que larve et admiré en tant que papillon, la chenille qui apparaît dans un rêve annonce des métamorphoses en instance de s'accomplir, mais, toutefois, pas encore réalisables.

Le conseil est à l'attente de transformations spectaculaires et à la mutation d'intérêts par trop matériels de la personnalité en spiritualité.

Tout l'art du rêveur sera de dépasser le stade de la larve et de la sortie de la chrysalide pour voir pousser ses ailes*

Cheval

Le cheval est la plus noble conquête de l'homme et le symbole le plus parlant de son inconscient. Les adjectifs qui définissent ses allures et ses comportements sont les mêmes que ceux qui expliquent la personnalité humaine : ardent, fougueux, franc, vaillant, obéissant, léger, ombrageux, récalcitrant, vicieux... L'homme devient performant avec son cheval qui, sans être animal domestique à l'image du chien ou du chat, demeure un compagnon disponible, intelligent et courageux.

● Le cheval du rêve, *lorsqu'il trotte aisément*, sans encombres, avec fière allure, indique au rêveur que son psychisme est, selon la formule, bien élevé et bien éduqué et que lui-même n'est pas symboliquement un mauvais cheval de la race des ringards et des rossards.

● *Si le cheval piaffe, donne des ruades*, le rêveur saura que ses instincts sont mal dressés et que ses impulsions demandent à être bien tenues en laisse.

● *Si le cheval est noir*, il sort alors tout droit des enfers des histoires mythologiques, il annonce les foudres de quelque Zeus et des bouleversements; *s'il est blanc*, il porte en lui un message de suaire.

● *Lorsque le rêveur forme un beau couple équilibré avec son cheval*, le message est à l'harmonie de toutes ses tendances et à la maîtrise de ses pulsions.

Le cheval est à l'origine de mots nobles comme « chevalier, chevalerie... » ; il semble donc, dans la logique d'un rêve, que celui qui possède un cheval est promu à un rang de seigneur et est digne d'appartenir à une noblesse féodale ; le message est alors à l'espérance et à la confiance en soi.

● *Lorsqu'un rêveur monte sur son grand cheval*, le conseil est qu'il en descende vite afin de ne pas être ridicule dans des colères disproportionnées et des emportements orgueilleux.

● *S'il « se trouve à cheval » sur quelque objet à déterminer*, l'allusion est plaisante dans son réalisme ; il est conseillé au rêveur soit de ne pas démordre de ses décisions, soit de faire preuve de souplesse ; le contexte du rêve permettra de trouver une réponse précise.

● Il est possible aussi *que le cheval soit borgne* : ce rêve invite le rêveur à être trois fois plus vigilant : avec ses deux yeux et celui du cheval. Mais comme la liaison psychisme-instinct doit être constante, la question reste posée : quel est l'instinct borgne du rêveur ?

● Enfin, l'exemple d'un rêveur *sur un cheval de bois* pourrait faire sourire s'il ne signifiait quelque faiblesse dans les instincts et les énergies du rêveur.

Il y a également des interprétations sexuelles* dans l'apparition d'un cheval ; la bête avec son élégance racée, ses membres souples, longs et musclés, a de l'homme des attributs qu'on lui souhaite.

Cheveux

Les rêves de cheveux expliquent la manière dont le rêveur assimile et vit les tendances primitives qu'il a en lui. Les poils sont intimes au rêveur, il les porte et ne peut, sauf exception, les enlever de son corps, contrairement aux coiffures et aux chaussures qui se posent et se déposent.

C'est ainsi que les cheveux représentent certains pouvoirs et certaines facultés strictement personnels au rêveur. Les rêves de cheveux diront comment le rêveur les exploite, les refuse ou en est esclave et le régisseur proposera quelques séquences de rêves comme celles ci-dessous.

● *Un rêveur avec des cheveux abondants*, épais, une crinière lourde tout en demeurant belle, sera informé que ses instincts sont forts.

S'ils sont ébouriffés, feux-follets et en bataille, il y a quelques coups de vent dans ses pulsions.

● *Si ses cheveux lui sont coupés*, la question est de savoir qui les lui enlève ; il y a, dans ces cas, un commentaire sexuel qui s'ajoute.

De même, *peigner les cheveux de quelqu'un* peut être considéré comme une marque d'attention teintée d'érotisme.

● *S'il se démêle les cheveux*, le rêve indique que le rêveur doit désembrouiller les « écheveaux » de sa vie intérieure.

● *Dans la possession d'une perruque*, l'accent est mis sur une substitution de forces et le rêveur est informé que ses attitudes postiches ne trompent que lui. « Se faire des cheveux, à un cheveu près, trouver un cheveu... » sont autant d'images que le rêve utilisera pour dire au rêveur « voilà ce qui ne va pas ».

● Les cheveux sont, surtout pour les femmes*, une parure qu'elles entretiennent avec soin et coquetterie ; d'où un avertissement sentimental lorsque, *dans un rêve, une femme s'occupe de ses cheveux avec trop d'assiduité.* A qui veut-elle plaire ? Peut-être à elle-même, ce qui n'exclut donc pas une idée de narcissisme à surveiller.

Chien

Le chien est, avec le chat*, l'animal domestique par excellence ; celui qui habite dans la maison*, qui répond quand on l'appelle et aime fidèlement son maître.

Le chien est aussi un guide*, un renifleur expert pour retrouver des pistes. Enfin, cet animal, qu'il soit toutou, roquet ou molosse est le symbole de l'amitié.

Lorsqu'un chien apparaît dans un rêve, les messages sont à analyser en fonction des ambiances car il peut être utilisé à de nombreux usages symboliques. On parle d'un « temps de chien » quand il fait un temps détestable, on dit de quelqu'un de méchante humeur qu'il a « un caractère de chien ».. ; inversement, cet animal est appelé « le meilleur ami », le « compagnon dévoué » de l'homme. Toutes ces injures et ces compliments sont contradictoires pour ce malheureux canidé qui n'en demande pas tant, l'essentiel pour qu'il soit heureux et attaché à son maître étant d'être nourri et caressé.

● *Le bon chien de service* qui apparaît en rêve apporte un message d'amitié ; ce chien-frère de l'homme est là pour dire au rêveur que tout va bien, que ses instincts sont domestiqués et que toutes ses tendances sont amies et non antagonistes.

● *Si le chien est attaché, féroce*, baveur, tous crocs à l'air, le conseil est à la prudence ; il faut dans ce cas que le rêveur surveille ses instincts trop vulgaires et rageurs et leur mette une muselière.

● *Un chien plus mort que vif*, sans secours et sans soin, abandonné dans un coin, illustre la formule « mourir comme un chien » et le rêveur doit, dans ce cas, revoir son style de vie et alimenter son capital amitié et générosité.

● *Quant aux chiens de traîneaux, ou chiens d'aveugles**, ils proposent leurs messages d'espérance ; il semble alors que le rêveur soit guidé pour continuer sa route et le contexte du rêve complètera cette communication pleine d'assurance.

● Il est réconfortant pour le rêveur de *se faire lécher par un chien* ; les coups de langue tiède et humide sont autant de messages d'amitié, peut-être élémentaires mais spontanément exprimés.

● Enfin, *noyer son chien* est grave pour le rêveur ; ce rêve est l'aveu d'une impuissance à maîtriser ses plus simples instincts et le conseil lui est donné de regarder autour de lui si ses amis ou les personnes qu'il croit tels ne sont pas, eux aussi, en train de le noyer symboliquement.

Chirurgie

Voir *aiguille*.

Chute

Voir *abîme, avion*.

Ciel

Le ciel est l'espace infini, originellement bleu*, car les

nuages sont provisoires, que le rêveur regarde en levant les yeux. Il y contemple les astres, le soleil* mais souvent il n'y voit rien d'autre que le temps qui passe et parfois quelques oiseaux*.

● Un rêveur peut être heureux de son ciel *quand il est clair*, lumineux ; il lui annonce que ses idées sont bien en place et tournent harmonieusement.

● *Un ciel noir* est indice de problèmes qui obscurcissent les idées et *si de l'orage* et des éclairs zèbrent le fond de ciel*, le danger se précise quant à des problèmes psychologiques.

De même, si le rêveur est inquiet que « le ciel ne lui tombe sur la tête », il y a danger. Le rêveur a alors trop de choses dans la tête, elle se fait lourde et risque de se désagréger.

● Le ciel est, selon les Livres Sacrés, le séjour des bienheureux et des élus ; c'est pourquoi *un rêveur qui se retrouve au ciel* par quelque magie de l'inconscient, peut être béat de bonheur, il est sur la voie d'une béatification ou plus simplement, il est arrivé à un moment de sa vie où le paradis terrestre lui est offert.

L'état du ciel, sa luminosité et la présence d'arc-en-ciel* sont à ajouter aux premiers messages afin d'obtenir une analyse complète. Chaque mot a son importance : le ciel sera changeant, pur, pommelé, lourd, bas, pluvieux, de plomb... mais l'espérance sera toujours au bout de l'horizon puisqu'il s'éclaircira à un moment ou à un autre.

Cire

Voir *abeille*.

Cierge

Un cierge n'est qu'une chandelle mais possède deux privilèges ; il est installé dans des églises* et il invite aux prières et aux méditations.

Le rêve d'un cierge est bénéfique puisqu'il apporte la lumière. Le rêveur est ainsi éclairé mais dans un sens de religiosité, de solennité. Il est sur la voie d'une transformation spirituelle et d'une grande élévation d'âme.

Cimetière

Un rêveur dans un cimetière est une image pleine d'une poésie qui pourrait sembler macabre mais qui en fait est riche de précieux conseils.

Le cimetière du rêve a pour mission de rappeler au rêveur qu'il est mortel et qu'il doit profiter de la vie ; c'est ainsi que le message, dans sa cruauté, dit que le rêveur est un mort*-vivant et qu'il ne doit pas transformer son existence en nécropole.

Le cimetière est également l'endroit où un rêveur doit enterrer des sentiments morts, des projets en cendres. Le conseil est alors à l'abandon de tous ces passés qui encombrent son existence.

● *Lorsque la tombe du cimetière abrite une personne connue et aimée*, le conseil est de vite refermer le couvercle et d'oublier l'être mort qui ne demande pas à revivre. Il ne s'agit pas d'oublier définitivement la personne aimée mais de se libérer de pensées trop obsédantes.

● *Les arbres* du cimetière* du rêve possèdent une magie étrange. Ils informent le rêveur que des moyens de dialoguer avec l'âme des défunts et également avec la sienne lui sont possibles. La cime et les feuilles des arbres ne sont-elles pas des moyens de communication avec le spirituel et le céleste ?

Cinéma

Ce procédé d'enregistrement et de projection des vues animées ne pouvait que faire le ravissement de l'inconscient ; jouer avec des images, composer des scénarios et faire vivre des personnages sont en effet des moyens de communication idéaux. Avant l'invention du cinéma, les rêveurs devaient voir apparaître des scènes de jeux de cirque et des courses de char ; le cinéma les a remplacés.

Tout rêve de représentation théâtrale, de rôle, de film qui permet au rêveur de se visualiser indique un besoin d'expression.

Par contre, les incidents techniques, les rôles oubliés, les lumières éteintes et les salles vides sont autant de conseils de revoir ses scènes de vie et de mieux apprendre « à jouer » à vivre. Mais il peut s'agir également d'un avertissement : le rêveur « se fait du cinéma », il se ment et joue la comédie des sentiments, de l'ambition et de la confiance en soi...

Ciseau

Cet outil* tranchant a une fonction : couper, trancher, faire deux ou plusieurs choses d'une seule.

Le rêveur devra comprendre en se voyant armé d'un couteau qu'il doit effectivement retrancher et ainsi éliminer quelque chose en lui. Et le contexte du rêveur lui indiquera s'il s'agit de sentiments, d'idées ou de projets.

Couper en deux ou en multiples fractions un travail, un problème, revient à faire sienne la devise « Diviser pour régner » ; c'est pourquoi le message dans un tel rêve est à la séparation des difficultés.

Mais l'image des ciseaux peut également inviter le rêveur à méditer sur une éventuelle scission à l'intérieur de lui-même. L'expression « être coupé en deux » exprime bien cette inquiétude de ne pouvoir choisir entre deux décisions. Réaliser ce souhait d'être soi à part entière commence justement par la vision que l'on est deux en un et par la force de caractère d'opérer une fusion entre les deux segments dits conscient et inconscient.

Il y a d'autre part une proposition sexuelle* dans l'apparition de sécateurs et de lames tranchantes : castration* ou violation, les images sont de toute manière aiguisées et blessantes et invitent le rêveur à surveiller sa sexualité.

Clé

La clé du rêve ouvre et ferme des portes*. L'art du rêveur sera soit de pouvoir ouvrir des serrures* afin de voir ce qu'il y a derrière les portes (comme dans le conte de Barbe Bleue), soit de refermer à double tour les entrées des domaines secrets.

● *Lorsque la clé du rêve est en bon état*, qu'elle n'a pas été perdue, que les pannetons nagent dans l'huile et que les verrous glissent tout seuls, le message est à l'optimisme.

Le rêveur pourra trouver les clés des problèmes qui peuvent le préoccuper, il pourra prendre «la clé des champs» si cela lui fait plaisir, il pourra même occuper une «position clé» si tel est son désir.

● Inversement, *s'il a des problèmes de clés*, s'il a oublié la «clé du chiffre» qui lui ouvre son coffre, si ses clés sont rouillées ou cassées, l'avertissement est sérieux. Il faut alors que le rêveur attende qu'un nouveau trousseau lui soit donné, ou encore qu'il retrouve les clés manquantes.

Le rêve de clé est cependant à l'espoir car, derrière les portes et dans les coffres, se trouvent des énergies possibles, des sentiments cacnés et pourquoi pas, comme dans l'histoire d'Ali-Baba, des fortunes de toutes sortes : amour*, argent*, voyages... comme le détaillent les cartomanciennes, en retournant les cartes des tarots, autres clés symboliques.

Cloche

Creuse, en métal sonore et à la voix lointaine, grave ou argentine, invitant aux prières et au travail, la cloche sonne l'heure, une certaine heure ; elle est ainsi avertissement et prise de conscience.

La cloche du rêve a pour signification première de réveiller symboliquement le rêveur ; il est temps pour lui d'entreprendre et il est appelé à des travaux que les autres éléments du rêve lui désigneront.

Cœur

Voir *amour, hôpital, maladie, manège, médecin, musique, salle de bains, tache.*

Clown

Voir *acrobate.*

Coffre

Voir *banque, clé, grenier.*

Colline

Tout ce qui est en haut dans un rêve invite le rêveur à monter et à œuvrer pour son élévation. Grimper sur une colline peut demander des efforts et des risques d'accidents* mais qu'importent les souffrances, pourvu qu'il y ait la perspective du sommet.

Lorsqu'un rêveur quitte le ras du sol pour escalader

une montagne, le message est bénéfique : il se détache du terre-à-terre mais le conseil peut être inverse, à savoir qu'il se préoccupe trop de ce qui est peu élevé et qu'il lui faut prendre de la hauteur.

Le thème d'une montée et bien entendu d'une descente apparaît souvent dans les rêves car il traduit sans peine les situations psychiques dans lesquelles se trouve le rêveur et les conseils qu'il doit suivre. Et il est évident que l'idée d'un sommet, d'une cîme... est en liaison avec des positions dites élevées, socialement par exemple.

Enfin, il est certain que lorsqu'un rêveur peine, s'essouffle et est pris dans des éboulis et des crevasses, il aura à subir et à accepter des obstacles ; le but élevé étant vu comme difficile à atteindre, le message est à la patience.

Colombe

Voir *oiseau*.

Coq

Le coq est fier et, même lorsqu'il est installé en haut d'un clocher, il grince, ce qui est une autre manière de chanter*. Le coq du rêve claironne au rêveur que tout va bien côté énergie, côté autosatisfaction.

● Mais, *lorsque le coq est agressif*, le conseil est de maîtriser les tendances cocardières qu'il peut avoir, ses préjugés de caste et les gonflements de sa propre valeur ; le psychisme du rêveur semble, dans ce cas, malade d'un orgueil déplacé.

Coquillage

Les coquillages du rêve évoquent les eaux-mères, la sexualité féminine* et en même temps une idée de protection. Il semble donc qu'un rêve de coquillage informe le rêveur que sa sexualité a besoin de se manifester.

● *Il y a des perles dans certains coquillages* et le rêve utilisera ce symbole précieux pour annoncer au rêveur qu'il est en train de découvrir quelque fortune.

Il ne s'agira pas nécessairement de trésors* financiers : il faut, en effet, se souvenir que la déesse Vénus, symbole de l'amour et de la beauté, est née dans une grande coquille. De plus, les perles étant les enfants de l'huître confirment le symbole féminin-maternel. Ainsi, une simple huître, à condition de savoir l'ouvrir sans se blesser et sans l'abîmer, peut offrir l'amour*.

● *Le rêveur pourra être invité à « rentrer dans sa coquille ».* Le message est simple : il faut qu'il se retire en lui-même afin de se trouver; mais il ne s'agit pas de rester passif, tranquille physiquement; au contraire, il faut commencer un mécanisme d'introspection et trouver la perle, symbole d'un *Moi* parfait.

Corde

Une corde permet de monter et de descendre et a le don de nouer, d'attacher, de relier deux ou plusieurs éléments.

Le premier message de *cordes bien nouées*, réunissant solidement deux brins «de quelque chose», est favorable. Il indique que le rêveur est en voie de réunir les segments disparates et dispersés de son psychisme.

La corde suppose un attachement, à l'image du cordon ombilical qui doit être coupé au moment de la naissance afin que soit réalisé le miracle de la vie. Lorsqu'un *rêveur* se sent attaché, il convient qu'il tire sur le fil symbolique afin de comprendre qui est au bout de la corde ou qui l'a ficelé.

● *Une corde de pendu*, malgré sa mauvaise réputation, peut porter bonheur au rêveur puisque, dans la logique du rêve, ce qui va mourir est destiné à revivre.

● *La proposition d'une corde à nœuds** est un message d'espérance puisque chaque boucle correspond à une protection, une aide afin de mieux progresser.

● D'autre part, *certaines cordes ont des atouts magiques*. Les unes se dressent toutes seules et permettent aux sorciers et autres fakirs de monter vers le ciel; les autres en fin «servent à nouer les vents». Le rêveur devra comprendre que la corde du rêve, plus qu'une simple ficelle, cordage ou licou, lui sera un moyen d'atteindre des résultats hors de l'ordinaire, et surtout de retenir les providences qui se présentent.

Costume

Les rêves de costumes sont fréquents car le symbolisme des pièces de l'habillement est parlant. Les costumes protègent et définissent un rang, une situation : ils sont la deuxième peau* du rêveur.

Le rêve au cours duquel un rêveur se trouve nu* est un avertissement important puisqu'il suggère une idée de non-costume donc de non-protection. Mais être affublé de certains costumes est parfois pire que d'être nu!

Le costume est ce que le rêveur pense être aux yeux* des autres, ce qu'il représente pour eux et surtout la valeur que l'on peut retirer de lui. C'est ainsi que *rêver d'un costume mal coupé*, sale, troué, rapiécé ou chiffonné, avertit le rêveur qu'il doit revoir ses aspects extérieurs, qu'il doit prendre des mesures et ajuster de nouvelles attitudes.

● *Si le rêveur est mal habillé*, il est certain que sa vie extérieure est déchirée, et que ses rapports humains sont défectueux.

Si les vêtements du rêve sont démodés, le rêveur doit moderniser ses façons de vivre et se mettre au goût du jour. Peut-être ses attitudes vis-à-vis de sa famille*, de son entourage sont-elles «vieux jeu»!

Par contre, *lorsqu'un rêveur se voit et se sent bien habillé*, correctement vêtu, il saura que sa vie sociale est elle aussi sur mesure.

● *Lorsqu'un rêveur est habillé de vêtements qui ne lui appartiennent pas* ou qu'il est affublé de costumes qui ne correspondent pas à son travail, son rôle ou ses fonctions — par exemple, être habillé en curé alors qu'il est militaire ou être habillé en facteur lorsqu'il est infirmier — le rêve indique qu'il y a usurpation.

Moralement, socialement, le rêveur doit changer de tenue afin de ne pas être pris pour ce qu'il n'est pas et afin de ne pas être ridicule.

Le rêve aime se servir du proverbe «*L'habit ne fait pas le moine*». Il invite par là le rêveur à troquer les vêtements qu'il peut porter et qui ne lui conviennent pas pour d'autres qui lui sont beaucoup plus appropriés.

● Toute une collection de *rubans, colifichets, garnitures et autres dentelles* peuvent apparaître dans les rêves de costumes. Le symbole de chacun de ces accessoires doit permettre une meilleure compréhension de l'ensemble du rêve. Les boutons qui manquent, une fermeture-éclair qui coince, une ceinture trop serrée... nuancent, par exemple, le rêve en indiquant qu'il y a effectivement dans la vie du rêveur un «quelque chose qui ne va pas».

Coup

Le symbolisme du coup donné ou reçu est à replacer

dans une ambiance particulière qu'il faut analyser; de plus, le coup en question est porté dans une intention précise qui est déterminante. L'outil* utilisé, la partie du corps touchée doivent faire l'objet de réflexion.

D'une manière générale, l'idée de coup avertit le rêveur d'un événement subit, d'une réaction d'humeur blessante et inattendue. Mais toute la richesse et la sagesse de l'enseignement viendront de l'art du rêveur d'éviter ces «mauvais coups».

Attention, enfin, au «coup qui part tout seul» et qui avertit le rêveur d'avoir à surveiller ses impulsions.

Coupe

Le mot doit être compris dans un sens positif. Malgré l'expression «Il y a loin de la coupe aux lèvres» qui informe le rêveur que ses espérances ne sont pas encore pour aujourd'hui et qu'il doit patienter entre ses désirs et les réalités, le rêve de coupe apporte un message d'offrande, de cadeau et d'apaisement.

Il y a dans le rêve d'une coupe à la fois le vase* et le geste qui offre et ces deux images ne doivent pas être dissociées. C'est pourquoi la coupe de champagne qui scelle des engagements et des promesses et la coupe de vin de l'amitié... ont cette fonction magique de désaltérer les soifs et physiques et affectives. Cette destination se retrouve dans la coupe bue à deux ou à plusieurs qui contient un breuvage identique, comme s'il s'agissait d'un sang* symbolique qui lie pour la vie et la mort.

Couteau

La forme et l'agressivité de cet ustensile de cuisine en font un instrument sexuel* autant qu'une arme*. C'est ainsi que le rêve de couteau suppose une agressivité rentrée et un souhait inconscient de percer, transpercer, voire même mutiler.

Mais le couteau du rêve peut également servir à trancher des difficultés; le contexte du rêve permettra au rêveur de comprendre l'utilisation onirique de ce symbole. D'autre part, il n'est pas exclu que le rêveur puisse être armé d'un couteau afin de couper le cordon ombilical qui le relie encore à des ambiances passées et enfantines; dans ce cas, le rêveur est à l'image de quelque sacrificateur chargé de tuer, en l'occurrence lui-même, pour permettre une renaissance.

Couverture

L'usage d'une couverture est double : protéger soit du froid*, soit de la poussière* et recouvrir, en dissimulant. La couverture du rêve a ces deux buts et la question reste posée au rêveur : de quoi et de qui a-t-il besoin de se protéger et pourquoi son inconscient lui signale-t-il ce jeu de cache-cache ? Est-ce lui en entier ou certaines de ses tendances qu'il doit recouvrir d'une pudique couverture ? Ou encore, inversément, lui est-il révélé qu'on lui cache quelque chose ?

Il est d'ailleurs possible que la couverture du rêve, ayant pour but de dissimuler ce qu'elle recouvre, veuille se cacher elle-même ; d'où l'ambiguïté des messages.

Cristal

Les substances limpides et transparentes, pures de toutes souillures terrestres, et qui, de plus, reflètent la lumière*, possèdent un symbolisme puissant.

Un rêveur qui, par la grâce d'un rêve, a la vision d'un diamant, d'une eau* transparente, d'un objet translucide, reçoit le message que ses idées sont claires et que son esprit est lucide. Il n'est pas impossible que le cristal du rêve renseigne le rêveur sur d'éventuels dons de clairvoyance. Les pierres transparentes ont une charge talismanique puisqu'elles sont censées permettre de voir ; ainsi, la boule* de cristal, talisman absolu qui, lorsqu'on la regarde, entraîne le conscient dans un état second, ce qui lui permet de communiquer avec l'inconscient. C'est pourquoi, rêver d'une telle boule est l'assurance pour un rêveur d'entrer en contact avec des forces occultes gravitant dans son inconscient et le message est précieux pour qui veut parfaire son individuation.

Croix

Quelques formes géométriques, notamment le carré et le cercle*, possèdent des significations essentielles pour comprendre l'évolution d'un être. La croix fait partie de cette collection que toute personne, s'intéressant au symbolisme des rêves, doit connaître.

La croix de pierre, plantée aux carrefours*, a pour but de protéger les voyageurs et de leur espérer la meilleure route ; elle rappelle aussi que l'âme des personnes décédées implore des prières* afin de ne pas demeurer éternellement en enfer.

Faire le signe de la croix, croiser les doigts, sont des moyens de conjurer le mauvais sort et le diable et d'affirmer son appartenance à une famille* d'initiés. Une croix apparaissant dans un rêve donne dès lors au rêveur un flot de messages qui se superposent : d'une part, avertissement que le rêveur doit réfléchir à une nouvelle orientation ; d'autre part, conseil de prudence afin que ne lui incombe pas une croix pénible à porter ; enfin, message d'espérance puisque la croix aux vertus magiques le protègera.

Chaque apparition d'une croix dans un rêve est liée à une invitation à croire. Il ne s'agit pas d'avoir une foi inconditionnelle en un dieu et en une religion*, mais de croire en soi et en ses possibilités.

La croix du rêve est plus que le gibet de torture ou qu'un symbole chrétien : elle est une des formes les plus primitives indiquant un choix consenti, une appartenance et une initiation.

Cuisine

Le symbole de la cuisine est en liaison avec le feu*, les aliments* et l'alchimie de la transformation de certaines substances crues en d'autres plus comestibles.

● *Rêver de cette pièce, quand elle est bien ordonnée, lorsque des mets sont préparés*, invitant à la gourmandise et à la satisfaction du palais, est annonciateur d'un bon appétit et d'une bonne digestion psychiques. Il est dit au rêveur qu'il sait profiter des nourritures terrestres qui lui sont données et les transformer à bon escient, au mieux de sa croissance psychologique.

● Par contre, *lorsque le feu brûle, que les casseroles noircissent*, que les aliments sont moisis ou avariés, le rêveur doit surveiller ses besoins et rendre propre à une consommation psychique ce qu'il possède en lui à l'état brut et cru.

● *Une maison sans cuisine* est un organisme sans système digestif; c'est pourquoi le rêveur qui visite un appartement où manque le coin-cuisine, saura qu'il y a une lacune dans son système psychique et qu'il ne peut faire partager ni ses idées ni ses sentiments.

Damier

Dès qu'apparaissent dans un rêve des jeux de formes et de couleurs, des ensembles d'alternance et de cases opposées, il y a avertissement pour le rêveur. Il lui est conseillé de surveiller les combats et les conflits qui se déroulent en lui.

Le plateau du damier est, dans le langage du rêve, le champ de vie devenu plan de bataille et chaque dilemme est symbolisé par une pièce à placer ou déplacer.

Comme toutes les sortes de contrariétés et d'ambivalences peuvent être envisagées, il appartient au rêveur de réfléchir aux autres composantes du scénario du rêve afin de voir qui se joue de lui et afin d'éviter d'être mis en « échec ».

Danger

Les dangers du rêve sont surtout des impressions. Le rêveur se sent menacé, sa sécurité est compromise et la peur s'installe.

Le sentiment de danger est déjà un danger en lui-même mais ce n'est pas pour cela qu'il annonce une catastrophe. Au contraire, tout le rêve, dans sa sage utilité, annonce le danger afin de l'éviter.

En fait, le danger indique un état déficient, une faiblesse dans les tendances et le psychisme du rêveur. Le conseil est donc qu'il ne prenne pas de risques et qu'il surveille ce qui se passe autour de lui et en lui, « fermer les yeux devant les dangers » n'étant pas la meilleure solution pour les éviter !

Danse

Il y a dans le mot deux images. La première touche à la fantaisie, aux pirouettes et aux tournoiements frisant le déséquilibre. Dans ce cas, le rêveur apprend qu'il doit arrêter de considérer la vie comme un manège* et ne plus gesticuler, peut-être plaisamment mais inutilement.

La deuxième image est plus cosmique, elle rappelle la danse des astres dans le ciel, les danses sacrées antiques et religieuses, et toutes les formes d'expressions rituelles.

● *Si le rêveur atteint une sorte d'état illuminé de bien-être* et s'il se sent porté par quelques rythmes magiques, le message est très précieux. Il indique que le rêveur s'élève, quitte son enveloppe charnelle et se réalise en communion avec lui-même dans un espace symboliquement supra-terrestre. Cette sensation marque le début d'une individuation.

● *Il peut arriver qu'un rêveur ne sache pas danser*. Le message est alors à l'attente et à la prudence ; il faut qu'il apprenne à se décider et à ne plus tergiverser dans le domaine particulier qui lui sera expliqué par les autres composantes du rêve.

Déménagement

Le rêveur qui déménage doit comprendre qu'il change effectivement d'existence. L'idée de partir, de quitter un endroit pour un autre est motivée soit par la recherche d'un mieux-être, soit par une obligation de départ. Dans les deux cas, il y a transport d'un point à un autre, peines et soucis, puis réinstallation.

C'est le contexte et l'ambiance du rêve qui préciseront les intentions de l'inconscient, en indiquant les lieux de départ et d'arrivée, les objets préférés qui déménagent et ceux que le rêveur est obligé de laisser sur place.

Un déménagement, comme une reconstruction et, en général, toutes les situations qui commencent par le préfixe re-, sont favorables puisque le sens de ce dernier est au renouveau et au renouvellement.

Démolition

Démolir consiste à faire peau* neuve et à détruire ce qui est abîmé ou jugé inutile. Les rêves de démolition font apparaître des outils* puissants, de la poussière et des décombres et c'est sur ces abats et démantèlements que le rêveur aura à reconstruire une partie de son existence.

Un tel rêve a ainsi une résonnance favorable puisque le travail de démolition suppose des promotions nouvelles et des ouvrages qui, en principe, seront de qualité supérieure.

Dent

Il est étonnant de constater que les rêves de dents ont sur le rêveur un impact orienté sur les choses de la mort et de la sexualité. Or, les dents appartiennent au symbolisme du corps humain, elles ont des fonctions bien précises qui ne touchent pas essentiellement à la mort* ou à l'amour* mais à la nutrition.

En fait, l'homme primitif, s'il n'avait pas de dents ou si celles-ci étaient cariées et branlantes, ne pouvait se nourrir ; là est une première liaison entre le rêve de perdre ses dents et l'éventualité d'une décrépitude suivie d'une mort.

● *Le rêveur qui « montre les dents » à quelqu'un* reçoit le message de ne pas être rancunier. Cette image en rêve se rattache aux comportements des hommes primitifs dont la première arme* était la mâchoire. Les dents portent également une idée d'agressivité dont le cannibalisme est une illustration possible pour le rêveur.

● *Perdre ses dents* est annonciateur d'une perte de vitalité et d'une déficience des moyens de défense et de survie, donc de virilité, notamment pour un homme. Ici intervient l'idée de pro-création. De là à prolonger le message jusqu'à la sexualité* il y a le temps d'une morsure passionnelle.

● *Perdre une dent de sagesse* pourrait laisser croire que le rêveur devient adulte : il semble plutôt, selon le réalisme du théâtre des rêves, que le rêveur soit réellement en train de perdre sa sagesse, autrement dit sa prudence, son bon sens, ce rêve constituant un avertissement.

Désert

Le désert du rêve est nostalgique et les grandes étendues de sable* sont mélancoliques à contempler.

Le rêveur doit comprendre lorsqu'il est en face de quelques dunes ou qu'il avance dans des vagues de sable, qu'un moment de solitude lui est nécessaire avant de continuer sa route. Les ermites et les prophètes aiment, selon les Livres Sacrés, se retirer dans un désert afin de méditer et d'être seuls avec eux-mêmes. Le conseil est ainsi donné au rêveur par cette image de se faire lui aussi ermite, c'est-à-dire un «être du désert».

Un désert présente également une idée de stérilité et de mort car il est évident que se perdre dans le désert est annonciateur de danger; c'est pourquoi, le rêveur reçoit le conseil de se préparer à un exode et, pourquoi pas, à des souffrances plus morales que physiques, sans oublier l'idée de pénurie. Mais, les propositions pénibles du rêve ayant toujours un antidote, il n'est pas impossible qu'au milieu de son désert moral, affectif et psychologique, le rêveur ne trouve une manne miraculeuse, soit un secours, un oasis, un palmier vert comme un printemps, vert comme l'espérance.

Tout le monde doit à un certain moment de sa vie «faire sa traversée du désert» et ce moment étant inévitable, le conseil est de se préparer à ce voyage symbolique en apprenant à être sobre dans ses ambitions, prenant comme exemple l'animal-modèle des sables brûlants, le chameau.

Désintoxication

Voir *alcool.*

Diable

Les diables et les démons ont beaucoup d'importance dans l'existence : ils sont ces êtres surnaturels, bons ou mauvais génies, qui font peur aux enfants et aux adultes et possèdent dans leurs cornes, leurs barbes et leurs fourches des pouvoirs infernaux.

Le diable du rêve n'est pas toujours méchant, il peut même être protecteur, l'art du rêveur étant de signer un pacte avec lui. En fait, les démons du rêve sont tout ce qui grouille dans l'inconscient du rêveur et qui l'amènent à commettre des actes répréhensibles aux yeux de la moralité, de la piété et des bonnes mœurs.

● Le diable du rêve n'apparaîtra pas toujours fourchu et tout de vert vêtu; *il pourra s'agir d'êtres étranges, mi-inquiétants, mi-plaisantins*, qui font des tours, qui, apparaissent et disparaissent. Ils indiqueront au rêveur qu'il doit arrêter de «s'agiter comme un diable».

● *Le diable peut être menaçant, provoquant et grimaçant.* Le conseil est alors de vérifier qui se joue du rêveur, qui se mêle de créer des diableries et autres maléfices dans son entourage.

Le diable, comme les hypocrites, aime se faire ermite ou chanter la grand-messe! Attention donc à qui a des manières onctueuses; il n'est d'ailleurs pas impossible que ce diable soit le rêveur lui-même!

Digue

La digue du rêve sert à protéger le rêveur des eaux* de son inconscient. C'est pourquoi, lorsqu'un barrage ou une barrière apparaît dans un rêve, le message est à l'arrêt des énergies. Il y a cependant une différence entre un barrage dont les eaux en s'accumulant servent à produire de l'énergie, et la digue dont le symbolisme est plus passif.

● *Si, dans un rêve, la digue de retenue lâche* et qu'un déluge ou une inondation se produit, l'avertissement est important : il faut que le rêveur consolide les fondations de son psychisme et qu'il colmate les brèches éventuelles.

Divorce

Toute idée de séparation et de divorce dans un rêve informe le rêveur d'une rupture. Avec qui et pourquoi ainsi que comment l'éviter (si cela est possible) demeurant les questions auxquelles le rêveur doit trouver des réponses.

Il peut s'agir d'un divorce avec un certain style de vie, des habitudes, des idées et des sentiments. D'autre part, dans cette image de divorce, l'éventualité d'un adultère est courante. Si un rêveur se trompe lui-même sur ses qualités, s'il répudie ses idées et ses sentiments au profit d'autres qui le séduisent mieux, il y a adultère vis-à-vis de lui-même et le message du rêve est alors fort saisissable : le rêveur doit être fidèle à lui-même.

Doigt

Voir *croix, gant, main.*

Douane

Le rêveur qui se trouve obligé de payer des droits, d'ouvrir ses valises* et de déclarer qui il est, où il va et pourquoi, semble avoir effectivement des comptes à rendre.

Si son psychisme travaille en contrebande, la douane du rêve l'arrêtera ou lui refusera son passeport. Par contre, s'il est en règle avec lui-même, si en laissant fouiller et visiter son inconscient par le douanier du rêve, il n'a rien de répréhensible à déclarer, il pourra passer.

Dragon

Voir *amour*.

Drapeaux

Voir *guerre*.

Droite-Gauche

● *Si le rêve insiste sur la zone droite*, par exemple la main droite, la rue qui tourne à droite... le message est au progrès. La droite est le futur, la route qui est sortie du passé (la gauche), qui a traversé le présent (le centre) et qui conduit vers le futur, les réalisations, là où se trouve le symbole Père*.

Le rêveur qui n'arrive pas à tourner à droite doit comprendre que le moment de sa libération par rapport au passé et au quotidien n'est pas encore arrivé; le conseil est alors à la patience ou au choix d'une autre route.

● *Lorsqu'un rêve projette par mots ou images interposés une idée de gauche**, le conseil est à la suspension des initiatives, puisque le psychisme du rêveur se trouve apparemment obvié et tordu vers cette zone qui évoque tout ensemble le passé et la maladresse, les souvenirs mis de côté et la dissimulation.

Tout le symbolisme de l'espace est très riche d'enseignements quant au contenu de cet espace sinistrogyre : on y trouve le passé, l'enfance, tout ce qui est « maternel » et que le rêveur doit « laisser à gauche » quand le moment sera venu pour lui de devenir adulte.

Eau

L'eau se prête aux caprices des rêves ; elle est comme l'inconscient du rêveur dont elle prend les visages : tantôt claire, tantôt obscure et mêlant ses humeurs, trouble ou limpide, chaude ou froide...

L'eau est femme par nature. Elle donne naissance à nombre d'images, de mythes et de rêves et ce ne sont certes pas quatre lignes qui définiront toutes les magies, les reflets et les formes de l'eau.

● *Le rêve d'une eau claire et fluide* est un message de limpidité. Apte à laver, à purifier et à servir de miroir*, cette eau psyché indique que le rêveur n'est pas embourbé dans des difficultés et noyé dans les incertitudes.

Un rêveur se baignant dans une eau claire bénéficie en plus d'une idée de baptême et de fertilisation ; le message est alors à une fécondation intense de toutes ses qualités après un temps de purification. Il se réveillera avec un esprit clair et lavé de ses impuretés.

● *Le rêve d'une eau trouble* indique que le psychisme du rêveur à besoin de se nettoyer d'éléments croupissants : obsessions, inquiétudes et préoccupations de tous ordres entrant dans la collection des fantasmes et des troubles de la vie mentale. Il doit alors traiter son psychisme comme on filtre des eaux usées.

● *Lorsqu'un rêveur se promène au bord d'une étendue d'eau noyée dans des brouillards*, le message est à la patience : il faut que le rêveur attende de voir clair avant d'accomplir ses projets puisque ses idées et ses sentiments sont si brumeux que son inconscient souhaite que les vapeurs se lèvent.

● *Un rêve d'inondation* est essentiel à analyser et à comprendre pour la santé psychique du rêveur. Pourquoi son inconscient parle-t-il de pluies* torrentielles, de déluges et d'envahissements ? L'avertissement est sérieux car l'eau du rêve, en débordant, immergera son inconscient et noiera son conscient.

Certes, l'idée de noyade peut lui convenir quand il s'agit de noyer un chagrin ou des remords mais l'inondation du rêve n'aura pas autant de subtilités ; elle fera couler à pic le psychisme du rêveur dans des vagues d'angoisse. Le conseil lui est alors donné de s'installer sur une berge propice et d'attendre que l'eau se calme.

● *Lorsqu'un rêveur a l'impression qu'il « nage entre deux eaux »*, le message est double : il peut indiquer au rêveur qu'il lui faut effectivement ménager chacun des membres de son entourage en ne prenant parti ni pour l'un ni pour l'autre, à moins qu'il ne lui montre par là qu'il doit mettre un terme à ses hésitations et prendre une décision courageuse.

● *Si le rêveur nage avec difficulté dans l'eau du rêve*, l'avertissement lui est donné qu'il lui faudra lutter contre quelques persécutions de son inconscient qui se manifesteront sous forme d'inquiétudes indéfinies. Il en sera de même, et de manière encore plus accentuée, s'il perd pied.

Echelle

Monter et descendre une échelle demande des efforts physiques qui ne sont pas nécessaires avec un monte-charge. Si l'image de l'ascenseur* est plutôt à la prise en charge de soi et à l'économie d'énergie, il y a, au contraire, dans le rêve d'échelle une idée d'élévation par ses propres moyens

Ce message est positif dans la mesure où le rêveur, même s'il peine, grimpe les échelons. Il est assuré de monter des degrés dans la hiérarchie de sa vie ; il peut s'agir de profession ou de vie privée mais le rêve s'adresse plus souvent à la personnalité tout entière. Le symbolisme de l'échelle devient alors initiatique car, les premiers échelons étant en bas, le rêveur qui monte des degrés est informé qu'il quitte cette zone inférieure pour atteindre des échelons supérieurs.

● *S'il manque des barreaux ou que l'échelle est instable*, il est signalé au rêveur que le moment n'est pas encore arrivé de sa stabilité et que des oscillations entre ses idées et ses possibilités l'empêcheront d'être réellement équilibré et surtout de progresser.

Ecole

Il y a toujours une école dans l'existence d'un rêveur. Adolescent, il se trouve sur les bancs de l'école ; adulte, il s'en souvient. Mais, grand ou petit, doué ou cancre, le rêveur demeure à l'école de la vie.

Les devoirs, examens, punitions, les maîtres et les élèves permettent au rêve de visualiser avec beaucoup de vérité et d'à-propos, quelquefois fort ironiquement pour le rêveur, sa progression sociale et surtout l'évolution de son cheminement enfant-adulte.

● *Si un rêveur passe avec succès des examens,* le message est bienveillant ; il semble que le rêveur soit en train de réussir sa vie quelle que soit la matière — l'aspect — abordée.

● *S'il se retrouve sur les bancs d'une école,* — et cette circonstance est parfois fort déplaisante lorsqu'un rêveur est arrivé dans sa vie réelle, à une situation où il est davantage maître qu'élève, — il doit comprendre que, malgré ses brevets, ses titres et ses diplômes, il n'est pas encore assez savant et que son inconscient n'est pas satisfait de ses connaissances, peut-être d'ailleurs parce que le sujet est destiné à monter de classe.

● *Si le rêveur ne sait pas ses leçons* ou qu'il ne donne pas de réponses correctes, le rêve lui montre du doigt qu'il fait des erreurs ou qu'il est trop paresseux pour persévérer dans des réalisations nécessaires à son évolution.

● *Il est possible que le rêveur triche dans son rêve*; dans ce cas, l'avertissement est éloquent : il faut que le rêveur, s'il veut éviter des difficultés et des punitions, ne dupe pas et son entourage et lui-même avec des aptitudes et des qualités qu'il n'a pas.

● *Si, dans un rêve d'examen, le rêveur est également l'examinateur*, cette superposition permet de définir les sentiments de faiblesse, de culpabilité ou de sévérité que le rêveur peut avoir vis-à-vis de lui-même.

● *Il peut arriver que le rêveur fasse « l'école buissonnière »* : l'image est poétique pour l'inviter à sortir d'une clandestinité de sentiments ou de projets qui ne lui apportent rien.

● Enfin, *si un rêveur se trompe d'école*, il est évident qu'il est en train de se fourvoyer dans un style de vie qui ne lui convient absolument pas.

Eglise

L'église du rêve n'est pas que l'édifice où est célébré un culte car il y a, dans ce type de songes, une autre idée que l'exercice d'une religion*. L'église est en fait le sanctuaire du rêveur, là où son psychisme se recueille, reçoit la « bonne parole » et où il est en contact avec quelque puissance intérieure qui le guide et lui promet le paradis, c'est-à-dire sa définition du bonheur.

Lorsqu'un rêveur, même s'il n'est pas croyant et ne fréquente pas les églises, se trouve dans un lieu de prières, église, cathédrale ou autre lieu, ce message concerne son âme ; ce mot étant pris non pas dans le sens sacré de substance divine mais comme principe de pensée et d'animation.

● *Si un rêveur se met à prononcer des prières*, à murmurer, même sans jamais les avoir apprises, des litanies ou des *Pater noster*, il faut qu'il accepte l'idée qu'une inquiétude intense l'habite et que son psychisme a besoin d'une action de grâce, soit d'être consolé, rassuré, et guéri de ses problèmes.

Le rêveur doit savoir que dans son inconscient se trouvent programmés des rites magiques qui remontent à la préhistoire de la pensée humaine : peurs des diables*, adoration de dieux inventés par toutes les civilisations et toutes les époques. Tous ces symboles religieux profitent des rêves pour ressurgir et donner au rêveur des conseils qui ressemblent fort aux orientations, aux devoirs et aux obligations qu'impose n'importe quelle croyance.

● *Si le rêveur ne trouve pas l'entrée d'une église,* l'avertissement est important ; il lui indique que n'ayant pas de foi dans ce qu'il est, ce qu'il fait et ce qu'il dit, il ne peut profiter d'un dieu protecteur, d'une religion secourable qui puissent le guérir de ses angoisses.

● Enfin, *le rêveur qui fait le signe de la croix* *retrouve inconsciemment un geste de la panoplie magique qui a pour objet de le protéger de quelques maléfices mais aussi de se prouver qu'il appartient à une religion, un corpuscule, un clan, une assemblée de personnes initiées et ce geste devient essentiellement rassurant car il affirme un état de non-isolement.

Egout

L'eau du rêve, n'est pas toute claire et ruisselante. A l'image des sentiments humains, elle stagne parfois en bourbier et sent mauvais. Il faut que le rêveur comprenne, dans le cas d'un rêve où des immondices croupissent, qu'il a lui aussi dans son psychisme des ordures à rejeter : il pourra s'agir de sentiments obsédants ou de pensées gâtées que le rêveur s'il est honnête avec lui-même, trouvera aisément. Il devra alors faire tous les efforts possibles pour sortir du noir où il se perd.

Il n'est pas impossible que cette image du rêve s'intéresse plus spécialement à une vie sexuelle* non exempte de quelques vices à nettoyer.

Un rêve d'égout n'est pas seulement un avertissement quelque peu déplaisant, il indique aussi qu'une canalisation symbolique est donnée pour l'écoulement des eaux usées du psychisme. Il y a dans cette explication une idée de libération efficace de miasmes et de fange psychologiques.

Eléphant

L'homme habitant les pays d'Europe fréquente peu les éléphants; il ne les connaît que par les zoos et les cirques, ou, plus souvent, par l'image.

Le théâtre des rêves apprécie cet accessoire, ô combien encombrant, pour indiquer au rêveur que sa vie psychique est stable et bien affermie.

● Le pachyderme des rêves, *lorsque sa trompe et ses défenses ne sont pas menaçantes*, donne un message de paix non-exempt d'une grosse dose de tendresse matériellement élémentaire.

● *Lorsque le rêve montre un éléphant en colère*, il y a alors un avertissement : le rêveur doit réduire ses forces primaires et ne pas jouer les terreurs.

● L'éléphant du rêve image, d'autre part, le principe maternel dans ses composantes de sécurité, patience et générosité ; aussi, *lorsqu'un rêveur rencontre un éléphant paisible*, au coin d'une rue, le message peut être à la nostalgie d'un âge d'avant la naissance.

Enfant

L'enfant du rêve est ce qui est né mais est encore immature dans le psychisme du rêveur. Le rêveur qui se retrouve enfant ou qui rencontre un enfant dans un rêve, apprend ainsi qu'il doit grandir. Le message est à l'espérance puisque l'enfant du rêve étant né affirme que le rêveur n'est ni mort-né ou ni demeuré à l'état d'embryon, et qu'il est bien vivant et en instance de croissance.

Mais il y a également un avertissement : il faut que le rêveur ne reste pas au stade de l'enfantillage. Qu'il ait une âme, un esprit et un cœur d'enfant est bien, mais qu'il en ait l'illogisme et la naïveté peut lui être néfaste.

● *Un rêveur qui perd un enfant,* celui dont il a la garde, le sien ou celui qui est censé l'être, doit comprendre qu'il est temps pour lui de quitter son confort et son irresponsabilité d'avant-d'être-adulte. Le message est à la coupure du cordon ombilical qui l'empêche de devenir cet adulte; il faut donc qu'il arrête de faire l'enfant, de badiner et de jouer les futilités.

● *Chercher un enfant perdu ou disparu* est toujours inquiétant : dans le cas d'un tel rêve, le conseil est donné au rêveur de retrouver son âme d'enfant et d'arrêter de se prendre trop au sérieux. Le message est, à l'inverse du cas précédent, de faire l'enfant puisqu'il apparaît alors qu'il fait l'adulte en perdant ses imaginations et ses affectivités spontanées et pures.

● *Si un enfant parle au rêveur* et que le contexte du rêve est à la gravité, il est possible que l'apparition du rêve ait quelques vérités à dire au rêveur. Platon et d'autres ont écrit que «La vérité sort de la bouche des enfants». L'inconscient, connaissant ses classiques, se servira de ce proverbe pour informer le rêveur qu'il doit écouter l'enfant qui est en lui, donc veiller à redevenir naturel (et pourquoi pas, primesautier) et revoir des situations passées pouvant servir d'enseignement.

Envoûtement

Voir *aiguille.*

Examen

Voir *école, papier.*

Excréments

Voir *cabinet, urine.*

Façade

Lorsqu'une façade est proposée à un rêveur, l'éclairage est mis sur la devanture de sa personnalité. On parle «d'une belle façade» comme on définit un maquillage bien fait mais aussi une apparence qui trompe la réalité et la vraie valeur des idées et des sentiments.

● *Le rêveur qui doit ravaler une façade ou qui voit le devant de sa maison* lézardé ou affaissé*, reçoit le conseil de revoir ses comportements extérieurs; il doit comprendre que son style de vie est en train de se dégrader ou qu'il y a une divergence grave entre sa vie intérieure et son attitude extérieure.

L'avertissement est sérieux car l'inconscient sait que le rêveur est tout «en façade» et en trompe-l'œil, aussi ne se gêne-t-il pas pour le lui dire avec des images parlantes.

Facteur

Le facteur du rêve est un messager dont on ne sait pas toujours si les lettres sont porteuses de bonnes ou de mauvaises nouvelles. La signification est donc ambiguë car le rêveur, tout en sachant qu'il doit s'attendre à des nouvelles le concernant, reste dans l'expectative de connaître le contenu de ces dépêches.

Peut-être y-a-t-il dans un tel rêve un message prémonitoire ou mieux la crainte ou le souhait d'une lettre attendue. Quoi qu'il en soit, il est significatif d'un état d'expectative et d'attente de quelque chose qui brisera une monotonie de vie.

Facture

Lorsqu'une facture apparaît dans un rêve, le rêveur apprendra que le comptable de son inconscient lui demande de régler un dû. L'idée est à une dépense d'énergie psychique ou à l'avertissement d'efforts à consentir afin d'être quitte avec soi-même.

Faim

Voir *aliments*.

Famille

Un rêveur qui se trouve en famille revit des moments de sa vie au cours desquels des accords et des désaccords se sont produits. De plus, les membres de la famille, parents, frères et sœurs... intervenant dans sa vie quotidienne, il est tout à fait normal qu'ils apparaissent pour parler des problèmes du jour.

Rêver du cercle de famille peut être l'avertissement que le rêveur est inquiet de l'avoir quitté ou si cette famille rêvée se montre idéale, le regret qu'elle ne le soit pas dans la réalité.

Fard

Quand un rêveur se surprend à mettre sur son visage des enduits, il n'y a pas que l'aveu d'une coquetterie féminine exagérée, sauf bien sûr lorsqu'il s'enduit tellement de fards qu'il en devient grotesque.

Ce type de rêve peut visualiser deux enseignements : soit celui de ne pas se trouver suffisamment «beau» et de ressentir un sentiment de faiblesse et d'infériorité, soit celui de vouloir dissimuler son vrai visage. Dans l'un et dans l'autre cas, il y a un mensonge qui peut d'ailleurs être pieux !

Le message est donc à l'embellissement mais, selon la logique du rêve, cette idée de maquillage est à double sens : ou bien le rêveur doit effectivement cacher ses imperfections psychiques sous un masque, ou bien il dissimule trop, sous des artifices, leurs réalités quelque peu vieillissantes. Et il sera humain qu'il choisisse la solution la plus flatteuse !

Femme

Voir *personnages : homme-femme.*

Fenêtre

La fenêtre du rêve a le choix entre un simple hublot, une rosace colorée, un vitrage laissant passer un flot de lumière*, une meurtrière... Le rêve peut sortir du catalogue des accessoires toutes sortes de fenêtres mais le message restera à la communication dedans-dehors et à l'éclairement.

● *Un rêveur qui voit, à travers une fenêtre largement ouverte, le monde,* la vie, la nature... reçoit un message plein d'espérance car il n'est pas enfermé derrière des croisillons d'obligations pesantes.

● Par contre, *si les fenêtres du rêve ne s'ouvrent pas* et que la pièce sent le renfermé, le rêveur doit accepter le conseil d'aérer son psychisme et de laisser entrer des lumières symboliques qui lui permettront de mieux voir les réalités.

Lorsqu'un rêve parle de lumière, le plan de la conscience se trouve concerné, le conseil est dès lors d'ouvrir les yeux et de se laisser envahir par ce qui est clair et non pas en demi-teinte.

Feu

L'homme aime le feu et le craint. Le feu, comme l'eau*, l'air* et la terre*, est essentiel à sa vie mais cet élément peut, de braises utiles, de flammes* sécurisantes et de jeux ou veillées réjouissants, devenir incendie* dévastateur, volcan aux laves brûlantes.

Avec tous ses pouvoirs visibles et invisibles, il était évident que le feu soit vu comme dieu, à défaut de l'être réellement, et c'est pourquoi, lorsqu'il apparaît dans un rêve, ses messages parlent un langage symbolique d'une extrême beauté et ont une valeur surnaturelle.

Pour mieux séduire et mieux se faire comprendre, le feu prend des visages et des formes différents, comme savait le faire le vieux dieu de la mythologie, *Protée*, qui pratiquait l'art des métamorphoses afin de mieux initier ses consultants.

● *Si un foyer joyeux et lumineux apparaît dans un rêve*, le message est à l'enthousiasme ; il signifie au rêveur que ses forces vives sont bien attisées et qu'il dégage une chaleur et une lumière bénéfiques et efficaces.

● *Si de grandes flammes montent haut dans le ciel,* le rêveur doit comprendre qu'il est en contact avec de grands sentiments ou de grandes idées qui vont illuminer son existence. Le rêve l'informe qu'il flamboiera d'ardeurs nouvelles et crépitantes, qu'il sera « tout feu tout flamme » dans ses entreprises, ses agissements et ses affections.

Dans le cas d'un tel rêve, des puissances profondes sont réveillées et le rêveur revit la naissance du monde et bien sûr la sienne ; le message est à l'exploration des énergies inconscientes et à la maîtrise des passions, des colères et de toute la collection des instincts bruts.

● *Lorsqu'une petite flamme brûle presque timidement dans un rêve*, le message est à la modération. Le rêveur doit vivre « à petit feu » et à l'économie de ses sentiments, à moins que l'image n'ait pour mission de dire au rêveur : « Voilà comment on vous aime, petitement, donc ne vous imaginez pas que vous faites l'objet d'un embrasement ».

● *Si un rêveur se brûle*, l'avertissement touche sa vie sexuelle*. Il « brûle d'amour » et il se consumera corps et cœur s'il ne prend pas des précautions pour calmer les impétuosités de ses passions.

● *Lorsqu'un incendie crépite dans le ciel du rêve* ou que le rêveur se trouve encerclé par des brasiers, l'avertissement est capital. Le psychisme du rêveur brûle alors mal et trop fort. Il convient de remonter aux sources et de découvrir le pourquoi et le comment de cet incendie. Où a-t-il commencé, dans quelle pièce de son psychisme : la chambre* à coucher, le grenier*, un entrepôt, une bibliothèque... ?

● *Le rêve peut proposer des «feux couverts»*, dangereux parce qu'invisibles et le message est alors à l'exploration de ce qui se consume ainsi dans le psychisme du rêveur ; peut-être est-ce, comme le rime un poète, «un cœur qui se consume et chante». Le feu devient comme une voix basse qui murmure d'amour* et le rêveur doit comprendre que des passions couvent.

● Toute une collection de phrases, dans lesquelles le mot feu joue un rôle, peut être visualisée dans le théâtre des rêves : «*n'y voir que du feu, n'avoir ni feu ni dieu, jouer avec le feu, jeter de l'huile sur le feu, mettre sa main au feu...*». Ces clichés expliquent, en deux ou trois mots, des situations, des sentiments et des humeurs et le rêveur en les replaçant dans le contexte de sa vie privée, qu'il est en principe seul à connaître, en tirera des messages précis.

Flamme

Voir *allumette*.

Fleur

Chaque fleur du rêve est à analyser distinctement et rien n'empêche le rêveur, s'il est adroit avec les symboles, de faire un bouquet des interprétations qui ravira son esprit à l'affût de messages précis et précieux.

La fleur est d'abord un symbole féminin* : passive sur sa tige, enracinée dans une terre nourricière et soumise au moindre souffle, elle est de plus réceptive à toutes les lumières, généreuse de ses couleurs, de ses parfums et de ses pollens.

Les fleurs du rêve annoncent que le rêveur doit dialoguer avec ses composantes féminines — ses fonctions sentiment et intuition — et qu'il doit encourager ses inclinations à la compréhension et à la tendresse, même si elles lui semblent des faiblesses. Elles annoncent également des sentiments esthétiques et affectueux qui ne demandent qu'à éclore dans le «jardin intérieur».

Indépendamment de ces messages généreux, chaque fleur a des confidences personnelles à offrir à son rêveur et tous ces enseignements seront à lier en gerbe. Ainsi, le rêve d'une rose* est différent de celui d'un chiendent; le rêveur doit alors retrouver le symbolisme de l'un et de l'autre tout en les replaçant dans le contexte de leur jardin*, de leur pot et de leur vase*. Des roses apparaissant en rêve, assurent au rêveur qu'il progresse sur une route privilégiée et qu'il atteindra son paradis terrestre : le message est ainsi à l'amour* et à la beauté des sentiments.

● *Si les fleurs du rêve ne peuvent être cueillies ou si elles sont abîmées*, le message est différent; le rêveur doit alors comprendre que les sentiments qui l'habitent, qu'il voudrait offrir, à moins que ce ne soit ceux qu'il espère, sont fanés et qu'il ne doit pas persister à arroser un bouquet de fleurs passées.

Forêt

La forêt du rêve cache ses arbres* car ce ne sont pas leur identité, leur forme et leur aspect qui apportent un enseignement essentiel au rêveur mais le fait qu'ils soient associés en forêt.

Un rêve de forêt a une tonalité sombre et parfois angoissante; de tous temps, la forêt a été le sanctuaire de la déesse Nature, abritant des animaux* nécessairement féroces et recelant des puissances magiques, fées et autres lutins.

Lorsqu'un rêveur se trouve plongé dans une forêt, le message est à la compréhension de son inconscient. En effet, l'obscurité créée par les grands arbres, les animaux de toute sorte que l'on entend, que l'on devine mais que l'on ne voit pas, les méandres que font les passages entre les troncs... tous ces mystères et ces terreurs ont la même densité de symboles que l'inconscient. Le conseil du rêve est alors à l'introspection et à la découverte par le rêveur d'un chemin à travers les arcanes de son Moi le plus profond.

● *Si la forêt est lumineuse et peuplée de clairières*, l'espoir est au bout du cheminement : le rêveur est assuré de sortir de ses difficultés d'être et de comprendre les clairs-obscurs de ses angoisses.

● *Si un rêveur n'arrive pas à sortir de la forêt*, l'avertissement est essentiel pour son équilibre. Il saura qu'il est prisonnier des forces de son inconscient et qu'il doit l'interroger afin de trouver les clés de ses verrous, ce que suggère *Victor Hugo* quand il écrit : « Arbres de la forêt, vous connaissez mon âme.. »

Fourmi

L'activité, le sens de l'épargne et le courage de la fourmi sont contés par *La Fontaine* dans sa fable. Lorsqu'elle apparaît dans un rêve, elle donne l'avertissement au rêveur d'être plus épargnant et plus industrieux.

Un message curieux peut être donné par la présence de fourmis dans un rêve. En effet, il existe une liaison entre les démangeaisons que provoquent un système circulatoire et nerveux « chatouillés » et le fourmillement de ces petits insectes*. Si un rêveur se sent ainsi « des fourmis dans les jambes », le conseil est de surveiller son physique fragilisé.

Froid

Voir *couverture, hiver, manteau.*

Fruit

Les fruits du rêve ne sont pas tous défendus, ils sont savoureux, colorés et font plaisir au palais, ils sont à manger comme des jours ensoleillés. Ils rappellent que le rêveur ne se nourrit pas seulement de bons conseils et de substances psychiques mais de nourritures* terrestres.

Les fruits du rêve ont un contenu symbolique différent selon leur forme et leur histoire mais, lorsqu'ils apparaissent dans un rêve, ils annoncent que la vie quotidienne du rêveur est en voie de fleurir et que des résultats fructueux sont à prévoir.

Certains fruits sont annonciateurs de plaisirs sexuels* et leurs images sont tant «jouissives» qu'elles donnent des idées de morsures!

● Lorsque des fruits apparaissent en rêve, l'observation de leur forme et la connaissance de leur substance sont essentielles pour mieux comprendre le message du rêve.

La pomme est messagère d'amour si elle est bien rouge et croquante, de discorde si elle est abimée. *La banane*, avec sa forme suggestive, évoque le sexe masculin. *Les cerises* annoncent un printemps de petites jouissances dans la vie du rêveur, tandis que *les oranges*, avec leur coloration dorée et leur provenance méditerranéenne, annoncent des joies faciles, des voyages ensoleillés.

● *Si les fruits du rêve ne sont pas mûrs*, le message est à la patience et à la prudence. Le rêveur doit comprendre qu'il est encore trop tôt pour profiter de certains biens terrestres et qu'il doit laisser mûrir ses sentiments et ceux des personnes qu'il désire.

● *Le rêveur peut également trouver un ver dans le fruit.*

L'avertissement est sérieux. Qui est ce ver, qui est ce nouveau serpent* qui empoisonne son existence?

Furoncle

Cette inflammation de la peau* apparaît en rêve pour signaler au rêveur qu'il a en lui un abcès psychique qu'il doit percer. C'est ainsi qu'une éruption de boutons, des furoncles qui grossissent, mûrissent et percent, sont symboliques d'un psychisme encombré par des obsessions, des hantises et des empoisonnements psychologiques.

Mais, à l'instant où le mal s'exprime, le message est à la libération et le rêveur reçoit un avis d'espérance d'une vie meilleure puisque «désempoisonnée»

Gangrène

Voir *amputation*.

Gant

Le gant est l'habit des doigts; il sauvegarde les mains* des intempéries et des impuretés de l'existence. Il protège des coups* et blessures quand il devient gantelet; il peut être chistera, maniche, gant de boxe... mais, pour être utile, il doit être à la mesure de la main de son porteur.

● *Lorsqu'un gant trop serré, trop petit, en «peau de chagrin» apparaît dans un rêve*, il y a l'avertissement d'une gêne et d'un malaise pour le rêveur.

Comme la main correspond au toucher et au palpable de l'existence et que les doigts sont en contact avec la chair des choses et des êtres, le message de souffrances s'adresse aux fonctions sensorielles et aux aptitudes pratiques du rêveur.

● *Si l'étui du rêve lui « va comme un gant »*, le message, pour le rêveur, est que tout va bien du côté habileté, doigté, que son caractère est souple et agréable et que son psychisme épouse parfaitement son « corps ».

● *Si le gant du rêve est retourné*, l'image est claire : le rêveur change trop souvent d'avis et adopte des positions contradictoires.

● *Si un gant lui est jeté*, le rêveur doit se méfier des provocations de son entourage qui pourraient lui nuire, à moins que, se souvenant d'épopées chevaleresques médiévales, il ne se sente des humeurs par trop combatives.

Le gant du rêve possède enfin un symbolisme sexuel* puissant ; la forme en étui, les cinq doigts ont des analogies évidentes avec les sexes masculin et féminin ; au rêveur de donner à ce gant, phallus et vagin réunis, son importance selon le contexte du rêve et selon ses préoccupations.

Gâteau

La nourriture essentielle de l'homme est à base de blé* ; c'est ainsi que le pain* apparaît comme l'alimentation la plus courante. Mais la farine entre également dans la fabrication des gâteaux et de toutes sortes de pâtisseries. La différence est au niveau du goût et du plaisir de manger et non plus de l'utilité.

Curieusement, dans le mot gâteau apparaît le mot « gâter » (à noter que leurs racines sont différentes) qui a deux sens relativement opposés : altérer, avarier, pourrir... et traiter avec prévenances et attentions.

C'est ainsi que le rêve de gâteau est assez ambigu. Le rêveur devra comprendre que des petits plaisirs sucrés l'attendent dans sa vie de tous les jours et qu'il aura droit à quelques profits, puisqu'une «part de gâteau» lui est promise. Mais si le gâteau du rêve est trop dur, si le rêveur n'en a pas sa part, le message sera à la pénurie.

Gauche

Voir *droite-gauche*

Géométrie

L'inconscient aime les figures géométriques, carré, cercle*, triangle, croix*... D'après les dictionnaires des symboles, il y en aurait plus de 50 000, ce qui correspond à un langage pouvant parfaitement se faire comprendre et se satisfaisant à lui-même.

Chaque fois qu'une forme géométrique apparaît dans un rêve, le message, avec son poids de symboles, est primordial pour l'évolution du rêveur. Henri Bergson a écrit : «Toutes les opérations de notre intelligence tendent à la géométrie, comme au terme où elles trouvent leur parfait achèvement.» Cette pensée résume l'importance des symboles géométriques : ils sont l'âme de l'équilibre, la «voie réglée» de la paix intérieure et lorsqu'ils se montrent aux yeux du rêveur, ils lui affirment qu'il se trouve sur le chemin* de sa métamorphose et de son individuation.

Chaque forme a des significations multiples qui se superposent et s'enchevêtrent; certaines sont sexuelles, d'autres cosmiques; certaines se doivent d'être décryptées pour être comprises, d'autres parlent clairement.

Le rêveur doit replacer la forme entrevue et, tout en lui conservant ses interprétations spécifiques, la positionner dans le contexte du rêve. Ainsi, *un cercle**, symbole féminin, se détachant dans une ambiance de promenade agréable, conservera une interprétation harmonieuse et bénéfique. Inversement, *un carré*, symbole masculin, mais également symbole d'une stabilité médiocre, de limite, verra ce dernier message transformé s'il représente une fenêtre laissant pénétrer la lumière.

Le théâtre des rêves a le génie des solutions et des palliatifs lorsqu'il s'ingénie à donner au rêveur des songes de symétrie et qu'il se fait maître-d'œuvre en géométrie dans l'espace. Les propos du rêve sont alors de donner au rêveur des disciplines de vie en trois dimensions : conscient inconscient et inconscient collectif.

C'est ainsi que lorsqu'un rêveur est aux prises avec des figures, des formes et des volumes qu'il doit « mettre en géométrie », le message est d'importance car il lui signale que son système de vie, d'aimer, de penser est dissymétrique et qu'une harmonie physique ne pourra être trouvée qu'à la seule condition qu'il ne tergiverse ni ne balance avec des prises de positions en angles droits, des sentiments linéaires et des idées qui tournent bien rond.

Gouvernail

Le gouvernail a une importance capitale pour expliquer la manière dont le rêveur gouverne sa vie. Il est le symbole de la responsabilité et de la direction de son existence.

● *Un rêveur sans gouvernail ou incapable de maîtriser la barre de son bateau*, reçoit un avertissement sérieux. Il est, aux yeux de son inconscient, incapable de prendre en mains sa destinée ou il l'administre maladroitement. S'il ne repère pas ses faiblesses, il continuera à dériver jusqu'à s'échouer.

● *Si le rêveur manœuvre simplement et sans difficultés* le gouvernail de son navire, le message est optimiste ; il lui est indiqué qu'il gère bien ses affaires, qu'il a un « bon gouvernement ».

● Le rêve peut également montrer au rêveur qu'il se laisse gouverner si, par exemple, *un barreur manœuvre le navire sur lequel il se trouve.* Le conseil est de surveiller qui le mène, de savoir qui prend en mains la conduite de son existence et de vérifier le cap choisi.

Grenier

Le grenier est à la partie supérieure du corps humain ce que la cave* est à la partie inférieure. Lorsqu'un rêveur déambule dans un grenier, il se promène dans sa tête*, là où se trouvent les bâtis et les assemblages des idées, des imaginations et de tout ce qui entre dans les montages mentaux.

● *Lorsque le grenier est bien rangé*, que les objets, souvent vieillis ou inutilisables, ne sont pas trop poussiéreux* ou entassés pêle-mêle, le message est heureux. Il indique que l'intellect du rêveur est bien organisé, que son cérébral n'est pas encombré de vieilleries et que ses fonctions «intelligentes» ne sont pas obscures ou embrouillées.

● *Si le rêveur a des difficultés à s'y retrouver dans le bric-à-brac de son grenier*, le conseil est au nettoyage des pensées inutiles et au coup de balai* des idées obsédantes.

● Le grenier du rêve, comme ceux de la réalité, possède une particularité magique : c'est là que s'entassent les vieux journaux, albums, vêtements et autres choses du passé. On y trouve toujours un coffre* mystérieux dans lequel ont été enfouis les mille objets démodés et les antiquailles que l'on «ne jette pas parce que ça peut encore servir».

Le grenier du rêve recèle des «choses» qui ont un parfum suranné et une nostalgie affective. C'est pourquoi, *lorsqu'un rêveur doit débarrasser son grenier*, le conseil est évident; il doit se débarrasser de souvenirs inutiles, vider ses tiroirs et ses malles des vieilles coupures de ses journaux intimes.

Grenouille

Qui est la grenouille? Mi-aquatique, mi-terrestre, elle est lunaire et visqueuse à souhait; de plus, elle joue au baromètre mais surtout elle a le don des métamorphoses.

Lorsqu'une grenouille apparaît en rêve, le message est aux transformations. Le rêveur doit passer outre les dégoûts que ce batracien inspire pour ne retenir que les merveilleuses dispositions de cet animal à passer de l'œuf* à la larve puis du têtard aux grenouille, crapaud et autres reinettes.

Le rêveur est informé qu'il est en train, lui aussi, de franchir les étapes d'une métamorphose psychique et que, de têtard mal dégrossi, il sera bientôt adulte accompli.

Guérison

Qui dit guérir, dit maladie*, souffrance, accidents*... c'est pourquoi la seule évocation du verbe guérir est pleine d'espoir car être délivré d'un mal physique ou moral est pour un rêveur le plus beau message d'optimisme; il annonce des reprises de forces psychiques, physiques, morales...

De tels rêves de guérison apparaissent souvent, par un mécanisme de compensation, chez les personnes malades ou souffrant de maux longs et pesants. Le rêve leur permet ainsi de recouvrer des énergies défaillantes et de vivre «comme tout le monde».

● *Lorsqu'un rêve de guérison est assorti d'une convalescence*, le message est à la patience : un bien-être est promis mais après une période de traitement personnel, de remise en route progressive, et le rêveur doit comprendre qu'il lui faut calmer ses impatiences d'exister.

Guerre

Les rêves ne chantent pas la guerre ni ne la critiquent. Les guerres sont comme les paix, des moments de la vie d'un rêveur qui se succèdent tant qu'un état d'équilibre n'est pas trouvé. Et les rêves de guerre ont cette fonction : visualiser les périodes pénibles de la vie en indiquant : « Là, il y a la guerre en vous... ». A cet instant, le rêveur saura qu'il doit axer ses efforts sur ce point précis afin de préparer sa paix.

Les guerres du rêve sont d'ordre psychique et passionnel ; les armées qui s'affrontent sont des énergies contraires, des sentiments en conflits et des comportements opposés et hostiles.

● *Lorsqu'un rêveur se trouve au centre d'une guerre, qu'il est en uniforme, porteur d'armes**, obligé de passer des conseils de révision — et il s'agit le plus souvent de rêves d'hommes —, le message est important. « Pourquoi et où la guerre », telles sont les questions que le rêveur doit se poser. Le conseil est de faire déposer les armes à ses instincts trop ferrailleurs et à ses sentiments trop agressifs.

Il y a de plus, dans un tel rêve, l'indication de conflits avec son entourage que le rêveur doit désengager ; il lui faut ne plus songer à des coups de mains et autres prises d'armes avec les personnes qui vivent à son contact.

Mais, surtout, la guerre du rêve est souvent avec soi-même. On se déclare la guerre et on croise le fer avec ses propres forces ! Dans ce cas, le message est encore plus précis : « Qui offense l'inconscient à ce point qu'une guerre intérieure est déclenchée ? » Et le rêveur doit aller chercher des réponses dans des idées obsédantes ou des sentiments offensés.

● *Si la guerre du rêve est finie*, que des troupes défilent, que des drapeaux flottent, le message est différent. Il est, comme celui d'une guérison*, à l'espoir d'une vie nouvelle et apaisée, faite de médiations et d'armistices dans tous les domaines.

● *Un rêveur qui «se trouve sur le pied de guerre»* reçoit un excellent présage : il est assuré de posséder des forces prêtes, des armes en bon état et des munitions disponibles. Il n'aura peut-être pas à s'en servir, donc à être offensif et agressif, mais il est en puissance de... Et cette illustration explique toute la sagesse de l'adage : «Si tu veux la paix, prépare la guerre!»

Guide

Ce mot définit toute une collection de personnages qui «connaissent» ce que le rêveur ne sait pas.

«Nature est un doux guide mais non pas plus doux que prudent et juste» écrit *Montaigne*. Voilà un premier guide du rêveur qui peut se matérialiser sous forme d'un chemin* bien signalé, de poteaux indicateurs; puis viennent les professeurs, les conseillers en tous domaines et aussi les livres dont certains, les plus utiles, portent ce nom.

Lorsqu'un guide apparaît dans un rêve, et il convient que le rêveur le replace dans le contexte particulier du songe, le message est à l'espoir. Le cicérone bénéfique du rêve pourra prendre l'aspect d'un garde du corps, d'une dame de compagnie ou plus simplement d'une présence réconfortante.

● *Un accompagnateur, lors d'un voyage ou de la visite d'un musée*, pourra être ce guide efficace qu'il conviendra d'écouter afin que les réalisations souhaitées et les amours escomptés se réalisent. Et le rêveur devra admettre que le guide en question n'étant pas simple spectateur ou figurant, possède une mission spécifique qui pourra intéresser les plans professionnel, sentimental, cérébral ou psychique selon les ambiances, les accessoires et les uniformes du rêve.

● *L'apparition d'un pilote d'avion** suggèrera que le plan des idées recevra de bonnes orientations; *un policier ou un gendarme* indiqueront au rêveur qu'il trouvera la meilleure route pour sa progression et qu'il sera à l'abri des personnes qui pourraient «lui vouloir du mal».

● *La présence d'un professeur* assurera le rêveur qu'il pourra évoluer en passant avec succès les examens de la vie.

● Le guide de rêve peut également prendre l'aspect d'un *religieux*, même si le rêveur ne croit ni à Dieu ni au diable, car ce type de personnage est traditionnellement nimbé de sagesse et d'une profondeur d'âme exemplaire qui confirment au rêveur que son psychisme se trouve concerné par le message du rêve.

Il est même possible que ce guide annonce une conversion tant psychologique que sentimentale.

De plus, l'inconscient est truffé de craintes religieuses inventées par les manichéens de tous les dogmes : le bon dieu et le diable, les états de grâce et les péchés, le ciel et l'enfer... Ces croyances ont, depuis la nuit des temps, marqué l'âme humaine et un rêve peut fort bien, à un moment privilégié de l'existence du rêveur, lui signaler qu'il doit symboliquement «sauver son âme» c'est-à-dire libérer son psychisme d'obsessions vénielles et mortelles.

Haillons

La pauvreté n'est ni un défaut ni un vice pour le rêve, elle est quelquefois preuve de sagesse et, comme le dit un proverbe suédois, «elle a le privilège glorieux d'être l'hôtesse de la tempérance». Mais, entre être habillé de vieux vêtements et être vêtu de loques et de guenilles, le rêveur ne devra pas se tromper dans l'interprétation.

● *Lorsqu'un rêveur se voit affublé de haillons par trop sales*, le conseil du rêve est à la vigilance ; l'avertissement est que son âme est indigente, pour des motifs qu'il appartient au rêveur d'analyser, et que des sentiments en traîne-misère l'angoissent.

Les haillons du rêve doivent être pris au sérieux car ils stigmatisent un psychisme en état de dénuement et en état d'extrême pauvreté. Il s'agit peut-être d'un manque d'amour*, d'une pénurie d'énergies au moment d'entreprendre une œuvre souhaitée ou plus simplement d'un état de faiblesse devant ses inquiétudes.

● *Si le rêveur se voit ou se sent pauvre, sans pour cela être en guenilles*, si malgré le côté miteux du tableau, son optimisme n'est pas affecté mais que bien au contraire il se trouve tant philosophe qu'il en a « du miel en bouche » à force de sagesse, le message n'est plus aux angoisses et aux blessures de l'âme mais à la richesse intérieure.

Le psychisme du rêveur est alors dépouillé de tout superflu et de tout accessoire et n'a conservé que l'essentiel de ses richesses. Le mécanisme de l'individuation commence parfois par de telles images.

Heure

Voir *cloche, horloge.*

Hiver

« L'hiver, saison de l'art serein, l'hiver lucide... », *Stéphane Mallarmé* définit en un vers les côtés bénéfiques des rêves d'hiver et de neige. Mais avant que le rêveur ne ressente le froid comme un état de suprême dépouillement permettant à son psychisme d'être comme un miroir* de glace pure, l'hiver est «tueur de pauvres gens».

C'est pourquoi, lorsqu'un rêveur a *froid*, qu'il traverse un paysage de neige ou qu'il se sent seul et glacé jusqu'à l'âme, l'avertissement est capital pour sa santé morale, physique et psychique. Il doit comprendre qu'il a des sentiments hivernaux, que son cœur a froid de ne pas être aimé, qu'il «est en froid» et avec lui-même et avec son entourage et que des désaccords et des mésintelligences gèlent ses rapports.

L'idée de froid pour le rêve est avant tout l'absence de chaleur humaine et un engourdissement des possibilités affectives mais il n'est pas exclu qu'un printemps* soit annoncé si la glace fond, qu'une petite fleur* perce sous la neige et qu'un calendrier annonce que l'hiver va se terminer.

Le rêve de chemins* verglacés, de fleurs gelées, de maisons* glaciales et pourquoi pas de rhumes et de nez bleus de froid, réveillent une peur ancestrale : celle de mourir de froid; or, dans le cas d'un rêve, c'est l'âme du rêveur qui est en péril et le message devient essentiel pour expliquer et prévoir les phases de sa vie et de sa mort* psychiques.

Homme

Voir *personnages : homme-femme*

Hôpital

De grands thèmes du rêve ont trait aux problèmes de la vie et de la mort*, avec leur cortège de souffrances, de blessures et de maladies*. Mais, comme cela se passe dans l'existence, le rêveur, après un temps de vie de rêve dans des climats d'hôpitaux, se trouvera guéri, en convalescence et définitivement sauvé.

L'hôpital du rêve est réconfortant. Même si le rêveur doit y passer un séjour, même s'il est prévu des opérations, des examens — qui peuvent d'ailleurs être des mécanismes oniriques prémonitoires — le message est à la bienveillance et à la prise en charge.

Certes, le rêveur est malade quelque part, et selon les autres composantes du rêve, il diagnostiquera dans quel domaine se situe le mal, mais il est assuré d'être soigné, «on s'occupera de sa santé».

● Les endroits du corps où sont localisés des «problèmes de santé» ont leur importance; il est clair qu'*un encéphalogramme* détectera ce qui ne va pas dans le domaine des idées, qu'*un plâtre à la jambe* signalera des faiblesses motrices, que *les cardiogrammes* passeront aux rayons-X de la connaissance les sentiments défectueux, les coups au cœur* violents et autres passions trop palpitantes.

Si des chirurgiens, infirmières ou autre personnel de l'hôpital du rêve s'intéressent à tout ce qui concerne *les parties génitales*, le conseil est de vérifier s'il n'existe pas quelques problèmes sexuels* dus notamment à des passions mal canalisées, mal assouvies ou déséquilibrantes.

● Dans le jargon des sécurités sociales, on trouve le mot «*prise en charge*» qui définit très bien la substitution des responsabilités; ces organismes assument toutes les fonctions de la personne malade ou accidentée qui se trouve ainsi déchargée de penser, d'administrer ses biens, de diriger sa vie.

Il existe d'ailleurs une mentalité «de prise en charge» qui est celle de toutes les personnes qui se pensent libres à l'instant où quelqu'un d'autre s'occupe d'elles; il y a dans ce souhait de «prise en charge» une part de paresse et une part d'immaturité. C'est pourquoi un rêve d'hôpital peut avertir son rêveur qu'il doit se prendre en main et ne plus compter sur autrui pour s'occuper de lui.

Horloge

Le rêveur vit à l'heure de son rêve et les heures qui lui sont données ne sont pas égales pour tout le monde ; de plus, par la magie des rêves, il est aussi son propre horloger.

● *Lorsque, dans un rêve, « sonne l'heure »*, le rêveur est informé que le moment est arrivé pour lui de prendre certaines décisions. Ce sont le contexte du rêve et les accessoires qui définiront mieux quels sont les initiatives, les projets et les amours qui sont prêts. Mais, de toute manière, le rêveur doit comprendre qu'il est, dans le langage du rêve, « l'heure H », celle des grands départs ou des grandes arrivées.

● *Si la montre ou la pendule du rêve sont cassées, que les aiguilles manquent ou que le rêveur n'est pas « à la bonne heure »*, le message est à la patience et à l'observation : qui ou quoi est en retard dans les projets et les décisions du rêveur et pourquoi ?

● Il est gênant pour un rêveur *de ne pas « savoir l'heure » ou « d'avoir perdu la notion de l'heure »*. L'avertissement est alors aux erreurs d'appréciation, aux négligences et surtout aux fuites hors du temps. Sans doute y a-t-il un conseil de ne pas se dissimuler les exigences de la vie et les responsabilités qui lui incombent. En effet, il n'y a rien de plus hypocrite qu'un rêveur qui, comme un réveil détraqué, « indique une heure et en sonne une autre », tout cela pour se masquer ses paresses, ses faiblesses et ses inquiétudes.

Ile

Qui n'a rêvé d'avoir « son île au soleil* » phrase-clé illustrant un espoir de solitude* heureuse, de repos exotique et sensuel à l'abri des nuisances du monde ! Et l'île du rêve a cette fonction : elle permet au rêveur de voyager sur la mer de son inconscient «sans risque de chavirer» comme le conseille plaisamment *Marcel Pagnol* «à ceux qui veulent acheter un bateau mais qui ont peur de tomber à l'eau!»

L'île est rassurante, elle est un refuge pour le psychisme, elle permet au rêveur-navigateur de ne plus être ballotté par des flots non maîtrisables.

● *Lorsqu'un rêveur voit une île* ou aborde enfin à une lagune qu'il sait isolée et n'appartenant pas à une terre infinie, il reçoit un message d'espérance; il est sur la route* d'une terre ferme, soit un endroit solide où il pourra trouver son port d'attache et le message est à la paix de l'âme.

Mais l'île du rêve est aussi le symbole du point de rencontre du conscient et de l'inconscient du rêveur puisque la terre et l'eau se rencontrent. Le rêveur est donc informé qu'il progresse sur la voie de son individuation. Sur l'île du rêve, il sera son Robinson Crusoë, apte à trouver toutes les solutions pour survivre.

● *Si un rêveur ne trouve pas son île* parce que la mer est houleuse, le ciel noir, les terres trop lointaines, le conseil est à l'attente et aux recherches.

Le rêveur doit admettre que le moment n'est pas venu pour qu'il aborde enfin son «île heureuse». Il est invité à examiner ce qui, dans son comportement, ne lui permet pas d'atteindre son «point central» : peut-être sont-ce des erreurs d'orientations, des imprudences ou des manques de préparation.

Incendie

Voir *allumette, feu, maison.*

Inceste

Le théâtre des rêves ne s'embarrasse pas de convenances ; pour lui, un rêve et un rêveur ne sont ni bons ni mauvais et les théories manichéennes du bien et du mal ne l'intéressent pas, il ne veut que de l'efficacité dans ses messages.

Ainsi, lorsqu'un rêveur se permet des manœuvres incestueuses avec ses parents, ses frères et sœurs à l'occasion d'un rêve, le message n'est pas à la moralité ou à l'immoralité du geste mais il indique l'expression de certains complexes réels ou psychologiques du rêveur.

Le premier avertissement est à la prise de conscience que le rêveur « s'aime trop lui-même » ; ce type de rêve illustre en effet des tendances autistes prononcées.

Le rêve indique également que le rêveur veut se débarrasser d'interdits moraux et familiaux. Le rêveur, se sentant bloqué par des affections parentales trop étouffantes, « injurie » ainsi par le biais du rêve ceux qui l'enferment dans des nœuds de convenances et de principes familiaux. Ne pouvant et ne voulant pas sortir de ces tutelles, l'inconscient a recours aux rêves incestueux pour avilir psychologiquement ceux qui sont sources des refoulements mal vécus par le rêveur. Et ce mécanisme appartient aux thérapies originales dont le théâtre des rêves a le secret.

Indigestion

Voir *aliments, maladie.*

Inondation

Voir *digue, eau.*

Insecte

Voir *abeille, chenille, fourmi.*

Jardin

« Chacun doit être l'aide-jardinier de sa propre âme... ». Cette formule de Joris Huysmans définit tout à la fois l'âme-jardin d'un rêveur, le rôle du rêve-jardinier et enfin celui du rêveur qui devient effectivement l'aide-jardinier de son psychisme.

Le jardin est le symbole du paradis, c'est « le monde en petit », d'où l'art des jardins des extrêmes-orientaux.

Des jardins apparaissent souvent dans les rêves car leurs symbolismes sont légions et se prêtent à des visualisations très explicites pour la logique du rêveur.

● *Lorsqu'un rêveur se promène dans un jardin*, il y a dans son cœur et son esprit la vision d'un paradis terrestre, d'un endroit merveilleux où il est parfaitement heureux. Le message est donc à l'espérance d'une tranche de vie paradisiaque et le rêveur est assuré de vivre un moment de plénitude.

Pour compléter cette idée de satisfactions et de joies, le rêve ajoute souvent une fontaine d'eau claire, des jets d'eau et des tonnelles fleuries. Il s'agit alors d'un des plus beaux messages inventés par le théâtre des rêves pour offrir de l'espoir et apaiser les inquiétudes de la vie.

● *Si le rêveur se promène dans « un jardin à la française »*, composé de parterres, de terrasses, de quinconces bien symétriques, aux arbres* et arbustes bien taillés et aux haies de buis bien sculptées, le message est à l'ordonnance de son psychisme ; sa volonté prime sur ses spontanéités et les bonnes conventions ont tendance à geler ses libertés de penser et d'aimer.

● Par contre, *si un rêveur marche dans « un jardin à l'anglaise »*, sans symétrie aucune et dans lequel le paysagiste du rêve a assemblé des pelouses, des eaux* courantes et des bosquets disparates, le message est à la liberté et au naturel.

● *Si les arbres sont tourmentés*, le rêve suggère des états d'âme angoissés et *si les branches sont pendantes*, les pensées sont à la mélancolie ; par contre, *si les arbres sont couverts de fruits**, une espérance de joies et de plaisirs consommables est annoncée.

● *Le jardin du rêve peut être sans végétation*, soit nu, soit en friche et le conseil est alors à la méditation ; il semble que le rêve visualise ainsi des « jardins de pierre* », chers aux moines japonais. Le rêveur doit comprendre qu'il lui faut faire abstraction de ses exigences d'existence, de ses inquiétudes et de ses souhaits pour commencer son individuation.

● *Si le jardin du rêve est bien entretenu*, que le jardinier est attentif à enlever les mauvaises herbes, si les allées sont propres et les massifs de fleurs harmonieusement agencés, le message est à l'éclosion de sentiments paisibles, bien assortis et sans discordances.

● Par contre, si *du chiendent noie les massifs* et que de l'ivraie abîme le gazon, le rêve demande des travaux de nettoyage. Il indique au rêveur que des sentiments gâtés se sont infiltrés dans son jardin secret et encombrent sa carte du tendre. Le conseil est au tri des bonnes et mauvaises plantes et à l'élimination de ces dernières.

Jaune

Il y a pour le rêve deux nuances de jaune : l'une dorée, aux tons ensoleillés, qui rayonne et parle d'or* ; l'autre, pisseuse, verdâtre, qui rappelle une bile malade.

● *Lorsqu'un rêveur est en contact avec la première*, le message est positif : ce rêve annonce des moments agréables, un renouveau à l'image d'un été triomphant sur le noir de l'hiver*.

● Par contre, *lorsqu'il se trouve dans des ambiances colorées en jaune sale*, l'avertissement peut être une jaunisse ou un ictère possibles ; mais, moins maladivement, il peut insister sur de mauvaises humeurs psychiques ; on dit bien « se faire de la bile » lorsque des inquiétudes rendent amer et triste.

Jeu

Les jeux du rêve sont beaucoup plus importants que le mot pourrait le laisser supposer. Les jeux ont une valeur de « clés* » qui permettent au rêveur de trouver des solutions pour triompher d'adversaires inconnus ou invisibles et pour deviner son futur ; de plus, les jeux sont des moyens non-guerriers pour utiliser des énergies disponibles.

● *Lorsqu'un rêveur retrouve les jouets de son enfance* ou qu'il s'amuse avec des poupées et des jouets en bois, il est certain que le rêve met l'accent sur des tendances puériles ou des retards dans l'évolution psychique.

● *Si le rêve fait intervenir des jouets scientifiques ou des soldats* de plomb*, le rêveur doit replacer ces accessoires spécifiques dans l'ambiance générale du rêve ; les soldats de plomb l'invitent à ne plus « jouer à la petite guerre », tandis que les jeux scientifiques lui demandent de mettre plus de logique et d'exactitude dans ses entreprises.

● *Lorsqu'un rêveur se trouve confronté à des jeux d'énigmes*, des rébus et autres jeux d'esprit, le conseil est double : que le rêveur soit moins compliqué avec ses idées et ses sentiments, qu'il ne parle pas par charades interposées et enfin qu'il ne se prenne pas trop au sérieux en perdant son âme d'enfant.

● *Si un rêveur triche*, à l'occasion d'une partie de cartes* par exemple, il y a de la dissimulation à découvrir ; bien souvent, il s'agit du psychisme du rêveur qui est un « mauvais joueur » et ne se conforme pas aux « règles du jeu ».

Les messages sont donc ambigus, ils sont à l'image des jeux de tarots qui contiennent des clés pour mieux se connaître et pénétrer les arcanes de la vie.

Chaque jeu a son intérêt symbolique ; jouer aux échecs est différent de jouer à la roulette, jouer au billard est différent de jouer au bilboquet (ce dernier jouet possédant d'ailleurs un message sexuel* assez imagé !)

Journal

Le journal du rêve a un rôle d'information. Il raconte et fait des commentaires sur les faits divers de la vie du rêveur, d'où l'intérêt de bien le lire et de le garder.

Il est évident que l'inconscient d'un rêveur qui voit et sait toute chose, veut faire voir et faire savoir, par ce « quotidien », à son lecteur privilégié tout ce qui se passe dans sa vie privée ; ce travail de relation de chaque instant permet au rêveur d'être tenu au courant des grands titres de son existence, des critiques et des potins.

● Lorsqu'un rêveur lit un journal, *le nom de journal a son importance* car il éclairera l'orientation du message. Ainsi un rêveur absorbé par la lecture d'un journal d'enfant*, saura qu'il s'occupe trop d'enfantillages, alors que s'il s'intéresse à un journal féminin*, dans le cas d'un rêveur-homme, cela suggérera quelques troubles affectifs et sexuels.

● *Si un journal a des pages blanches**, l'inconscient fait voir qu'il ne se passe rien dans la vie du rêveur mais, par contre, *si les articles sont condensés et superposés*, l'idée est qu'il en fait trop.

Tout peut être raconté dans le journal du rêve : l'argent*, les histoires d'amour*, les arts et les spectacles... au rêveur de saisir la rubrique qui correspond au moment.

Mais surtout qu'il sache que la lecture d'un journal, notamment ses gros titres, lui apprendront ce qu'il doit faire puisque, étant écrit, «cela est déjà arrivé», ce qui ajoute une interprétation prémonitoire.

● *Lorsqu'un rêveur écrit ou lit son journal intime*, le message est plus personnel et plus profond ; c'est son for intérieur qui se trouve alors concerné, sa vie sentimentale et intime dans ses replis les plus secrets.

Labourage

Le premier outil* de l'homme* fut destiné à creuser la terre pour y mettre des semences et, de la houe primitive à l'araire de l'âge de bronze jusqu'au tracteur du 20e siècle, l'idée est la même : féconder la terre-mère.

Les rêves de labour, de charrue et de soc ont ainsi une signification sexuelle* et c'est au rêveur à comprendre que les symboles du rêve apparaissent pour lui conseiller d'être productif, indépendamment de l'interprétation sexuelle.

Un proverbe russe résume en un court métrage les peines que le rêveur doit assumer et les joies qu'il peut espérer dans un tel rêve : «Les mains du laboureur sont noueuses et noires, mais la miche de son four est douce et blanche.», ce que l'on peut traduire moins poétiquement par : un travail pénible pour un fruit mûr.

Labyrinthe

Le tracé infiniment complexe et mystérieusement compliqué de l'inconscient humain a trop d'analogies avec celui d'un labyrinthe pour que les rêves ne se servent pas de ce symbole expressif afin de visualiser les états d'âme d'un rêveur.

Rappelons que, pour le rêve, le mot labyrinthe définit tout ce qui est idée de rébus, de dédale et autres amphigouris.

● *Un rêveur qui se trouve perdu dans un ensemble de rues* méandreuses et déroutantes* est informé qu'il est en train de se perdre dans le labyrinthe de son psychisme. Le conseil est qu'il réfléchisse aux obsessions, angoisses, retours en arrière, fausses excuses et sophismes dont il abuse dans sa vie.

● *Si un rêveur sort vainqueur d'un trajet tortueux et pénible* dans lequel des routes se sont entrecroisées, avec des sens interdits, des détours et des voies sans issues, le message est à l'espérance. Il est informé qu'après des trajets indirects, il sortira des impasses de sa vie psychique.

Un avertissement peut également être donné par le rêve d'un labyrinthe ; celui de ne pas se complaire dans une vie tortueuse et de ne plus jouer à se perdre soi-même dans des complications psychologiques, en se fabriquant des hiéroglyphes complexes.

● *Lorsqu'un guide* est proposé au rêveur* à l'entrée de son labyrinthe, lorsque des clés* lui sont apportées ou qu'un agent indique la route à prendre, le message est bénéfique. Le rêveur est assuré qu'il sera symboliquement initié et qu'il trouvera les issues de ses problèmes et angoisses psychiques.

Lait

Il y a une évidence maternelle dans le rêve du lait. Il s'agit soit d'un besoin de protection, d'une recherche de nourriture* spirituelle et surtout affective, soit de la manifestation d'un blocage du psychisme à un stade d'avant le sevrage.

Mais boire du lait reste bénéfique dans la mesure où ce geste annonce une période de fécondité que le rêveur devra absorber comme s'il s'agissait d'une goutte de vie, riche en vitamines fort utiles à sa maturité.

Lampe

La lampe est le support de la lumière. On imagine mal, en effet, une lueur suspendue, sans substance pour l'alimenter et sans socle ou soutien quelconque pour la porter, à moins de croire aux langues de feu accrochées, par l'opération d'un Saint-Esprit, au-dessus des têtes de quelques privilégiés. Mais, si un tel rêve se présente, le rêveur est assuré qu'il est touché par des grâces cosmiques et qu'il est sur la voie de sa perfection psychique, sans parler de l'apparition d'une éventuelle vocation religieuse.

Le rêve de lampe se présente rarement sans lumière et inversement.

● *Lorsqu'une lampe s'éteint dans un rêve*, l'avertissement peut être prémonitoire; il peut annoncer la fin d'une lueur d'espoir ou tout simplement la mort* d'un être ayant peut-être «brûlé la vie par les deux bouts».

● *Si la lumière est faible et vacillante*, le message est à une diminution des énergies du rêveur et notamment de ses capacités intellectuelles; on dit bien «une lumière» en parlant d'une personne possédant un savoir exceptionnel.

● *Si les lumières du rêve sont brillantes, chaudes et colorées*, le message est au beau fixe ; le rêveur est informé qu'il possède un psychisme irradiant, capable de bonnes illuminations et de clartés réfléchies ; son esprit est lumineux et il est assuré de voir clair, ce qui est l'espérance d'une route bien balisée.

● *La flamme du rêve peut être vacillante*, pas encore éteinte mais fragile et le rêveur doit alors comprendre qu'il doit être prudent quant à ses idées qui ne sont pas solides et risquent d'être en clair-obscur.

La lampe du rêve pourra être également une photocopieuse, un fanal, un feu rouge, une torche, un lampadaire... car le rêve, afin de se faire comprendre, placera la lampe et sa lumière dans un contexte «parlant» pour le rêveur, en tenant compte de ses préoccupations du moment et de ses ambiances affectives ou professionnelles. Et il lui appartiendra en un deuxième acte de recomposer le puzzle du rêve avec les pièces éparpillées.

Langue

Il y a deux langues pour le rêve. L'une parle de la sexualité* du rêveur, l'autre de ce qu'il doit ou ne doit pas dire.

● *«Tirer la langue»*, en rêve, revient à se moquer de celui à qui on la montre et si c'est au rêveur qu'on la tire, la révélation est peu plaisante car elle laisse supposer qu'on se moque de lui et par là-même, selon la logique du rêve, qu'il en est digne.

● Mais une langue est comparable à une flamme*, on dit bien une langue de feu ; c'est ainsi que *lorsqu'un rêve* *donne au rêveur une langue brûlante*, il lui demande de taire ses passions.

Par sa forme, sa consistance, son élasticité, la langue du rêve peut expliquer au rêveur quelques expériences sexualisées. De plus, la langue et la bouche étant en étroite communion charnelle, le message sexuel peut s'intensifier, la langue étant l'illustration de l'organe masculin allongé, mobile, charnu, érectile et la bouche la cavité féminine, ouverte, humide, accueillante.

Il appartient au rêveur de retenir, en tenant comptes des ambiances du rêve, les interprétations les plus adéquates.

Lapin

Le lapin du rêve ronge à longueur de dents* et fabrique nombre de lapereaux, avec une tendance à la prolifération. C'est pourquoi, lorsqu'il apparaît au détour d'un rêve, ce message est à la création et à la fécondité.

Il ne s'agira pas d'entreprises capitales mais davantage de multiples petits travaux qui agrémenteront le quotidien.

● *Si le rêveur se voit entouré d'une ribambelle de lapins*, qui n'en finissent pas de se reproduire, le conseil sera de surveiller une tendance à l'éparpillement et à la dissipation de ses capacités.

Larme

Les rêves ont l'art et la manière de faire pleurer et larmoyer le rêveur avec une telle intensité dramatique qu'il a hâte de se réveiller pour se libérer de l'angoisse du rêve.

A gros sanglots ou à petites larmes reniflées, qui n'a pas pleuré en rêve ? Pour le rêve, les larmes sont la pluie* d'une souffrance ; ils lavent l'esprit et le cœur du rêveur qui, à l'instant où ses pleurs sont séchés, se trouve libéré des tourments que son inconscient ne supporte plus.

● *Lorsqu'un rêveur se voit pleurant dans le monde* — et la pudeur du rêve veut que les autres ne s'occupent ni ne s'offusquent de ses crises de désespoirs — le message est à la délivrance car elles expriment à la fois un chagrin que les autres composantes du rêve définiront et une guérison* des peines puisque, selon les vertus thérapeutiques des rêves, à l'instant où il y a prise de connaissance, il y a extraction du mal et, par là-même, soulagement.

● *Une crise de larmes* explique toujours un conflit car le rêve ne pratique pas la volupté des pleurs et c'est pourquoi il faut que le rêveur extirpe les racines des larmes afin de ne plus faire pleurer son âme.

Lettres

Voir *amande, amour, facteur.*

Lierre

Les maisons* du rêve sont quelquefois recouvertes d'un lierre fidèle et son message est affectueux ; il indique au rêveur que des sentiments, les siens et ceux d'autrui, sont solidement enracinés.

● Un proverbe français dit : « Le lierre meurt où il s'attache ». Cette courte maxime illustre un certain type de rêve *d'un lierre trop étouffant mangeant totalement une façade**. Le conseil est alors donné au rêveur d'ôter les sentiments trop envahissants et ne convenant pas pour l'équilibre et l'harmonie de ses constructions psychiques, et d'éviter que des excès d'attachement dévorent ses libertés.

Lion

Lorsque le rêve propose « l'heure tranquille où les lions vont boire », le régisseur des rêves se souvient d'avoir lu *Victor Hugo*. Le message est alors pour le rêveur à un moment de force paisible et de maîtrise de ses énergies instinctives.

Le lion du rêve est royal, il est, avec l'aigle*, le roi des animaux* et il indique un orgueil solide. Mais, attention, le lion n'est pas que le symbole d'une puissance solaire, il est aussi féroce et indomptable.

● *Lorsqu'un rêve montre un lion toutes babines baveuses et tous crocs allumés*, l'avertissement est sérieux. Le rêveur doit prendre garde à ses instincts premiers, à des passions dévorantes et à son inconscient mal jugulé.

● *Si le lion est en cage*, le rêveur saura que ses énergies sont ou trop maîtrisées ou mal libérées. Le conseil est qu'il devienne son propre dompteur des forces qui l'habitent.

● *Il peut arriver qu'un rêveur promène un lion en laisse* et le message est alors à la puissance disponible mais contrôlée et ce présage est d'essence solaire* par sa majesté tranquille.

Lit

Voir *berceau, chambre*.

Livre

Le livre est comme un être humain ; il a une enveloppe, un habit, un nom et un contenu. Il vieillit, se racornit, jaunit et tombe en poussière avec le temps. Mais le livre du rêve faillit à cette destinée car il n'existe pas, c'est pour cela que le rêveur doit le lire très vite et l'apprendre par cœur.

● *Lorsqu'un livre est proposé au rêveur*, le titre permet d'aiguiller les messages. Selon qu'il parle d'amour* ou d'argent*, l'interprétation aura une orientation différente mais le conseil sera le même, à savoir que le rêveur doit apprendre à lire sa vie afin de mieux la comprendre.

● *S'il manque des pages au livre du rêve*, le conseil est de vérifier quels sont les passages de la vie qui ont été oubliés et l'invitation du rêve sera que le rêveur retrouve ces moments de vie qui ont leur importance.

● *Si des livres se recouvrent de poussière* dans le bas d'une bibliothèque, il faut que le rêveur sorte de l'oubli des projets qui seront parfois définis par les titres des ouvrages.

● *Lorsqu'un livre est abîmé*, ses pages moisies et à sa reliure déchirée, la recommandation est importante pour la bonne continuation de la vie du rêveur : quelles sont les «choses» que le rêveur a abîmées dans ses connaissances et que le rêve lui demande de «remettre au propre»?

● *Lorsque les titres des livres apparaissent par trop farfelus*, le rêveur doit reconsidérer ses «lectures», soit ses connaissances, son savoir psychique.

S'il feuillette des albums de Tintin à la place des cours de la Bourse, l'enseignement est éloquent quant à l'intérêt que son psychisme porte aux événements dits sérieux, de son existence professionnelle!

● *Si un livre illisible est proposé au rêveur*, parce qu'écrit en caractères étranges, étrangers voire cabalistiques, le message est sybillin : l'inconscient a quelque chose d'essentiel à communiquer au rêveur mais il lui fait comprendre qu'une préparation psychique, à l'image d'un phénomène initiatique, est nécessaire.

● *S'il y a erreur sur le titre*, le rêve insiste sur des défaillances et des méprises dans la vie psychique du rêveur et il lui appartient, afin de ne pas persévérer dans de fausses routes*, de rechercher le vrai titre, celui qui intitule la vie du rêveur sans errata.

● *Lorsqu'une édition de luxe est remise au rêveur*, le message est fastueux ; il lui annonce une existence plaisante à vivre et riche de profits intellectuels, voire même de mondanités.

Longue-vue

Voir *lunette*.

Loterie

Lorsque l'idée de hasard apparaît dans un rêve, le rêveur doit s'intéresser aux lots, y compris à ceux de consolation.

Il y a beaucoup plus dans les rêves de loterie qu'un message de passe-temps car les jeux* de hasard entrent dans la collection des symboles préférés du rêve pour inviter le rêveur à réfléchir sur le déterminisme de son existence.

A-t-il « tiré le bon numéro » ? Son numéro sortira-t-il gagnant ? Deux questions essentielles que tout être humain se pose quant à son existence et à son avenir. Ce type de rêve est en fait une excuse pour faire intervenir le hasard, ce qui permet des messages prémonitoires.

Pour l'inconscient, il semble que les hasards soient logiques ; ils sont d'ailleurs prévisibles puisque, selon *Bernanos*, « ils nous ressemblent » : il suffit de nous connaître pour découvrir notre futur.

● *Lorsqu'un rêveur «sort un bon numéro»*, le discours du rêve est à l'allégresse, son futur s'annonce brillant.

Inversement, *s'il ne tire pas de numéro gagnant*, le rêve lui indique, non pas qu'il est un perdant mais plutôt qu'il n'est pas encore gagnant ou qu'il est un mauvais gagnant. Le conseil est alors à la patience. D'heureux hasards remplaceront, en temps certainement voulu et connu par l'inconscient, les mauvais concours de circonstances.

● *Il peut arriver qu'un rêveur triche*, en falsifiant par exemple un ticket de course ; cette image indique que l'inconscient n'est pas dupe des manigances, des fraudes et des trucages du rêveur. Qu'il fasse donc attention à ne pas être pris en flagrant délit !

Loup

Il faut craindre de «tomber dans la gueule du loup» car elle symbolise la nuit*, les enfers et la mort*. Le message est sans ambiguité : lorsqu'un rêveur trouve au coin d'un bois la gueule ouverte de cette bête sauvage, il lui faut dompter ses instincts par trop dévorateurs et ses pulsions trop voraces.

Le loup du rêve apporte avec lui une idée d'indomptabilité ; d'ailleurs s'il était disciplinable, il serait chien* ! Le rêveur se trouve donc averti qu'il lui faudra extirper les tendances «loup» qu'il a en lui et non pas vouloir les mater.

Lumière

Voir *air, lampe.*

Lune

Il y a la lune et ses clartés comme il y a la femme et ses parfums. Un rêve de lune annonce que le rêveur est en contact avec ses tendances féminines, le message ne pose pas de problèmes particuliers s'il s'agit d'un rêveur-femme mais il le peut si le rêveur est un homme car, dans ce cas, des inclinations « au féminin » sont visualisées. Il ne s'agira pas de sexualité déviée mais beaucoup plus de dispositions innées que les psychologues expliquent par les mots « animus » et « anima ».

● *Lorsqu'un rêveur rêve à la lune*, le message est à la nostalgie car des sentiments amoureux flous et mal définis nimbent alors son psychisme. A lui de les découvrir et de ne pas y prêter trop d'attention.

● *Si un rêve indique que son rêveur est « dans la lune »*, le sens est limpide : il doit mobiliser son attention et gommer ses étourderies, il doit en fait « mettre les points sur les i » de ses décisions et de ses sentiments.

● *Lorsqu'une lune amicale accompagne des sentiments un peu béats de bien-être,* le rêveur reçoit l'assurance d'une phase de douceur de vivre.

● *Quand une nuit sombre, sans lune, angoisse le rêveur*, il peut y avoir un problème de sensiblerie et de mal, à l'âme et au cœur, trop intense. Le conseil est de ne pas se laisser enfouir sous un romantisme obscur.

Lunette

L'œil* voit mais la lunette réfléchit. Avec ses verres concaves, convexes, à doubles foyers... elle corrige la vue, ce que ne peut faire l'œil malgré ses qualités d'accommodation. C'est pourquoi le rêve utilise avec brio les phénomènes optiques des lunettes pour parler du psychisme d'un rêveur.

● *Lorsque les verres sont sales et brouillés*, le conseil est donné au rêveur de mieux voir ce qui se passe autour de lui.

● *Lorsque les verres sont déformants ou noirs*, le rêveur est informé qu'il se trompe dans sa vision du monde ou qu'il ne « voit pas clair » à propos des intentions et des sentiments de qui l'entoure.

● *Si un rêveur utilise les lunettes d'un autre*, le message est à l'erreur voire à l'usurpation.

● *Il est possible qu'une longue-vue apparaisse dans le rêve* ; l'information est dans ce cas ambiguë ; elle pourrait indiquer que le rêveur possède des dons de clairvoyance mais elle peut aussi laisser supposer que le rêveur voit trop loin et qu'il doit modérer ses ambitions.

Machine

Les machines qui apparaissent dans les rêves utilisent ou produisent des énergies. C'est dans cette optique symbolique qu'un rêveur peut être comparé à « une machine humaine » dont il doit se méfier des forces lorsqu'elles deviennent trop robotisées ; les machines de l'existence ne sont pas toujours comme dans les rêves des « machines à faire des dieux ! »

● *Lorsque les machines du rêve fonctionnent bien*, que les engrenages, les poulies, les bielles et les courroies tournent, glissent, montent et descendent sans heurt, le message est favorable ; les énergies du rêveur sont bien huilées et fonctionnent efficacement.

● *Si les jets de vapeur, des grincements ou des à-coups en bloquent le bon fonctionnement*, le rêveur est informé que quelque chose est détraqué dans sa machine intérieure. Il doit alors démonter son psychisme et réparer les troubles. Et, comme s'il s'agissait de compulser un catalogue de pièces détachées, le rêveur vérifiera les petits rouages de sa vie affective, active et intellectuelle.

● *Si le rêve donne au rêveur des outils**, clefs*, tournevis ou autres marteaux, le message est à l'espérance de sortir d'embarras puisqu'il est assuré qu'il trouvera en lui les moyens de se « dépanner ».

● *Lorsque la machine du rêve devient « machine infernale »*, il y a l'indication d'un dérèglement qui dépasse le rêveur, à l'instar d'une névrose qui se transforme irréversiblement en psychose.

Magasin

Le magasin du rêve peut être une boutique de vêtements, une épicerie, une boulangerie, une librairie et tout endroit où un rêveur peut trouver à acheter de quoi se nourrir, se vêtir, s'instruire.

Les magasins font partie de la vie quotidienne et il ne se passe de jour qu'un achat ne soit fait dans ces lieux de commerce. La nature du magasin donne déjà une première information : une *armurerie* indiquera des intentions combatives ; une *pâtisserie*, des idées affectives...

Les buts du rêve sont avant tout d'indiquer que le rêveur doit prendre des forces, reconstituer ses énergies et emmagasiner une alimentation symbolique avant de se lancer dans des travaux qui pourraient être fatigants.

● *Il est possible que le stock du magasin soit épuisé ou que les portes d'accès soient fermées*, l'avertissement, dans ce cas, est à la patience puisqu'il semble que le rêveur ne puisse pas, momentanément, surmonter ses défaillances et ses faiblesses.

Main

La main du rêve peut se tendre pour aider le rêveur à traverser un obstacle mais la même main peut aussi le gifler. Elle peut être ouverte ou fermée, pleine ou vide... C'est ainsi que la main est fort pratique pour montrer du doigt au rêveur sa générosité ou son avarice, sa bonté ou sa méchanceté. Mais elle est surtout un symbole de forces et de courage possibles.

● *Lorsqu'un rêveur «met la main à la pâte»*, le conseil est qu'il s'active à entreprendre, à prendre des initiatives et à faire lui-même certains travaux sans attendre d'aides extérieures.

● *Si le rêveur a peur de se salir les mains*, le rêve l'avertit qu'il est un tantinet paresseux, voire snob.

● *Lorsque deux mains tentent de se rejoindre*, le message est affectif et le rêveur doit remonter le long des doigts et du bras en question jusqu'au cœur pour connaître qui l'aime et qui il aime.

● Il y a danger *lorsqu'un rêveur voit ses mains enchaînées* : il doit comprendre que ses forces, ses pouvoirs et ses facultés sont emprisonnés.

● *Si des doigts manquent aux mains du rêve*, le rêveur doit définir lesquels afin de mieux saisir le message. Par exemple, *s'il lui manque l'annulaire*, l'avertissement est qu'il doit éviter de se faire passer «la bague au doigt»!

● Il est possible *qu'un rêveur se fasse lire les lignes de la main* : l'annonce est, dans ce cas, à l'inquiétude puisque le futur est recherché par le truchement d'une magie rassurante.

De nombreuses locutions font parler la main et les doigts : «avoir la main légère», «obtenir la main de quelqu'un», «mettre la main sur», «mettre main basse...» : la main est un bon outil pour le rêve afin d'expliquer un comportement, une humeur et des prédispositions.

Maison

Lorsqu'un rêveur se trouve dans une maison, il doit détailler les pièces qu'il visite et les meubles qu'il y trouve. Chaque pièce de la maison et du mobilier a son importance pour mieux préciser les intentions du rêve. Une chambre*, un lit par exemple, définiront des interprétations affectives et sexuelles ; un bureau, des préoccupations professionnelles.

Les personnes qui se trouvent à l'intérieur de la maison du rêve ont également leur importance : s'agit-il de parents, d'amis, d'ennemis, d'intrus...

Tout rêve de maison donne un message sur la «maison intérieure», soit le psychisme, et si le rêve trouve opportun de braquer un projecteur sur ce symbole, les raisons sont à une meilleure édification du *Moi* du rêveur.

Certains rêves parlent de déménagement*, de travaux de réfection, de maisons sans meubles ou au contraire encombrées de caisses et d'ustensiles... Chaque image possède une interprétation simple qu'il faut saisir.

● *Un déménagement* peut annoncer un départ réel mais aussi que le psychisme du rêveur «déménage».

● *Une maison nue** indique que le rêveur est pauvre d'idées et de moyens. Par contre, *trop d'objets et de meubles* pour l'espace de sa demeure, montre qu'il a trop d'imagination, de projets et de vouloir ; il ressemble alors à ces bricoleurs qui possèdent des trousses d'outils avec des accessoires sophistiqués qui ne servent jamais, ou bien à ces pseudo-lecteurs qui ont des rangées rassurantes de livres non-coupés mais fort visibles sur des étagères.

● Heureux le rêveur qui, comme la tortue* de la fable d'Esope, *trouve idéale la maison de son rêve*, même si elle est petite, tarabiscotée et perdue dans la nature.

Par contre, l'avertissement est sérieux, *si un rêveur vit dans une « cage dorée » où il se sent triste à pleurer.*

● *Lorsque le rêveur ne trouve pas la clef* de la maison*, le conseil est à une prise de conscience de soi, à une introspection. Mais encore faut-il que le rêveur trouve les moyens pour pénétrer en lui sans effraction.

● *Lorsque la maison est cambriolée**, le rêveur doit chercher qui vole ses énergies.

● L'avertissement est grave *lorsque la maison brûle* : il y a le feu* dans le psychisme du rêveur : peut-être son cœur brûle-t-il de passions dangereuses ou son esprit est-il la proie d'obsessions ?

Maladie

Les maladies et les souffrances du corps et de l'âme sont une des conséquences de la vie. Tout ce qui gêne le rêveur dans son physique et qui l'empêche de vivre et d'évoluer normalement a une signification très importante pour son devenir.

Qui dit mal, dit présence d'éléments toxiques et inopportuns mais, surtout, il y a le pourquoi de la maladie : comment a-t-elle été inoculée ?

● Le rêveur trouvera dans le type de maladie des renseignements sur la partie malade de sa personnalité.

*Une maladie de cœur** indiquera des problèmes affectifs à résoudre.

Une maladie des yeux signifiera que le rêveur ne voit pas comme il le conviendrait les choses, les êtres et les événements qui évoluent autour de lui.

Les maladies d'estomac renseignent sur une indigestion psychologique et des « morceaux durs à avaler ».

● Les rêves de maladie peuvent faire l'objet, soit *d'amplifications inquiétantes*, lorsqu'il y a des rechutes, des opérations* et des aggravations, soit *de diminutions pleines d'espérances* lorsqu'il est annoncé une guérison*, un départ en convalescence, des vaccinations et des radiographies «où il n'y a rien de grave».

Chaque rêve de maladie doit être diagnostiqué avec la patience et le sérieux d'un médecin* car il est la preuve qu'un microbe s'est faufilé quelque part dans le corps psychique du rêveur.

Mais les maladies ou les blessures à l'âme sont les plus étranges à étudier. Grâce au langage symbolique de l'inconscient, un rêveur apprendra que son âme saigne ou que quelque chose s'est brisé à l'intérieur de ses idées.

Ces curiosités pathologiques ne surprendront d'ailleurs pas le rêveur qui, imprégné de l'irrationnalité des images de son inconscient, trouvera cela tout à fait normal. Il faudra cependant qu'il en tire un enseignement quant aux soins à apporter à son psychisme qui souffre effectivement soit d'une hémorragie de ses énergies vitales, soit d'une angoisse dissociative ou de troubles de dualité de la personnalité.

Manège

Les manèges des rêves tournent en rond comme les idées et les sentiments du rêveur. Dès qu'ils apparaissent, le message est aux intrigues et aux machinations qui n'en finissent pas de tourner jusqu'à l'obsession dans le psychisme du rêveur. L'avertissement est au danger de remuer, dans sa tête* ou dans son cœur*, des imaginations, des regrets et des espérances sans issue.

Mais il peut également s'agir d'allusions touchant une facette trop infantile du caractère du rêveur ; en effet, les manèges des foires, colorés, bruyants d'une musiquette joyeuse, en entraînant leurs clients dans de fausses sensations donnent pour conseil au rêveur de prendre la vie plus au sérieux et de ne plus se contenter d'ersatz et de pacotilles.

Manteau

Il y a une idée première de protection dans le rêve de manteau, interprétation évidente puisqu'il s'agit d'un vêtement destiné à protéger du froid*, des intempéries et de la poussière. Mais l'observation de la matière du manteau du rêve permet de pénétrer plus avant dans la découverte du psychisme du rêveur car, du manteau utile en drap chaud au manteau d'apparat qui ne sert à rien d'autre qu'à prouver que l'on a les moyens de se l'offrir, il y a des différences de valeur et de prix qui correspondent à celles que le rêveur peut attacher à lui-même.

● *Lorsqu'un rêveur se voit emmitouflé dans un manteau de fourrure*, confortable, ample et bien chaud, le message est à une bonne protection et à une idée de bonne couverture sociale et psychologique, comme on parle d'une «couverture financière».

● *Si le manteau du rêve est rapiécé* ou laisse passer l'air, l'avis est différent : le rêveur est moins «couvert» qu'il le suppose.

● *Lorsqu'un manteau enveloppe complètement, y compris le visage, un personnage du rêve*, peut-être bien le rêveur, ou *que le vêtement est «couleur de muraille»* comme ceux des seigneurs d'antan qui se vêtaient en sombre et rasaient les murs afin de ne pas être reconnus alors qu'ils se rendaient à des rendez-vous galants ou à des rencontres de conspirateurs, le message est à la dissimulation.

L'inconscient qui voit et sent tout, montre ainsi sa désapprobation et le conseil est d'«enlever le masque», de refuser les faux-semblants et de ne plus vivre de prétextes.

● *Lorsqu'un rêveur se voit affublé d'un manteau de femme*, le spectacle est à une féminisation des tendances si le rêveur est homme.

Inversement, *une femme vêtue d'un manteau d'homme* apprendra que ses tendances sont par trop masculines et qu'elle est vue femme forte et virile au détriment de sa féminité.

● *Lorsqu'un rêveur porte un manteau impérial* comme ceux que l'on peut admirer sur les épaules des rois et des empereurs, le rêve est peut-être prémonitoire de quelque sacre symbolique et d'une progression majestueuse.

● *Si le manteau est « d'Arlequin »*, la proposition est assez imagée pour que le rêveur comprenne qu'il doit arrêter de faire le clown (voir *acrobate*).

Mais, sous-jacente, une idée de protection doit nuancer les interprétations car le manteau est plus qu'un costume ou une robe, il est recouvrant et enveloppant comme peut l'être une coquille protectrice ou mieux le sein* maternel. Et le manteau du rêve devient alors une nouvelle peau* dont le contact n'est pas exempt d'une certaine sensualité.

Marais

L'eau* peut être vivante lorsqu'elle coule, jaillit, roule en vagues mais elle peut également être morte* ; et là est le message de l'eau des marais du rêve.

● Comme l'eau est l'image de l'inconscient du rêveur, *lorsque cette eau est à la fois immobile et paresseuse* mais surtout *inquiétante d'une végétation pourrissante*, la communication du rêve est à la purification et au dragage des bas-fonds du psychisme.

● *Lorsqu'un rêveur nage dans une eau marécageuse*, il est en contact avec les eaux invisibles et fécondes d'avant-de-naître. Malgré les impressions de malaises et d'obscurs dangers, le message n'est pas venimeux : il conseille au rêveur de faire surface afin de désangoisser son psychisme et de purifier ses idées et ses sentiments de toute la collection des miasmes psychologiques qui peuvent le souiller.

Marché

Les lieux de marché, tous les endroits où sont vendues des marchandises, où les gens se promènent et déambulent sans intentions précises d'achat, où toutes sortes de denrées et de produits sont étalés, ces lieux ont de tous temps été symboles de vie, d'animation et de rencontres.

● *Lorsqu'un rêveur doit faire son marché* ou qu'il regarde des étalages offrant leurs produits, des bêtes passives attendant d'être emmenées, le message est à la paix et à l'équilibre.

● *Lorsqu'un rêveur regarde les cours des marchés*, le conseil est à la vérification de son potentiel d'énergies.

● *Si un rêveur ne trouve pas ce qu'il recherche*, si une foule disparate l'oppresse, le conseil est d'attendre des temps plus propices pour prendre des accords et réaliser des transactions.

Mariage

Cette institution fait l'objet d'un culte avec ses pompes, ses célébrations, ses fêtes et ses joies. Qu'importe que ce culte soit sacré ou laïque, l'essentiel est que le mariage ait lieu et qu'il permette à deux êtres qui s'aiment de s'unir.

● *Lorsqu'un rêveur se marie*, et cette circonstance peut être d'autant plus étrange lorsqu'il est déjà marié, mais cela l'inconscient dans sa logique a-morale n'en a cure, le message n'est pas qu'affectif ou sexuel. Il indique une union à l'intérieur du psychisme du rêveur entre les composantes féminines et masculines.

C'est pourquoi, si le mariage est harmonieux et qu'il est «réussi», le rêveur apprendra alors que ses tendances animus/anima s'entendent fort bien.

● *Le mariage peut être la concrétisation onirique d'un souhait de mariage effectif avec la personne rêvée*; dans ce cas, le rêve joue les compensations afin que l'inconscient du rêveur se libère d'une charge affective et sexuelle trop intense.

Le mariage du rêve peut insister sur des motifs précis : mariage d'argent*, de raison, de convenance..., ce sont les autres composantes du rêve qui permettront de définir plus exactement les intentions du rêve.

● *Si l'argent est suggéré*, l'avertissement est donné que le rêveur insiste trop sur des exigences financières qui l'empêchent d'équilibrer ses tendances.

● *Si des idées de raison et de convenance sont évoquées*, le rêveur doit comprendre qu'il est trop sensible à la logique des sentiments, au «qu'en dira-t-on». Le conseil est alors à la libération de tout le fatras des bons principes, des taboux, des idées toutes faites qui n'empêchent certes pas le mariage mais le «désentimentalisent».

● Certains mariages du rêve peuvent être «bariolés» comme l'écrit plaisamment et pudiquement un poète. Ainsi, *un rêveur homme peut très bien se marier, soit avec un autre homme, soit avec lui-même.* Toute sexualité inopportune mise à part, un tel rêve indique que le rêveur est trop attaché à lui-même et qu'il est, comme Narcisse, amoureux de sa propre personne ou du moins trop attentif à écouter ses tendances masculines.

● Une collection d'expressions «toutes faites» visualise des états psychiques que le rêveur comprendra mieux que de longs discours psychologiques.

Par exemple, *un mariage blanc** indiquera que les tendances masculin/féminin du rêveur ne sont pas créatrices; *un mariage «en grandes pompes»* stigmatisera ses penchants pour un certain exhibitionnisme.

Médecin

Le médecin du rêve n'est pas que l'homme de l'art expert à soigner les corps; il doit aussi avoir le pouvoir de guérir l'âme et pourquoi pas de la ressusciter.

Certes, lorsqu'un médecin apparaît dans un rêve, il peut y avoir des messages concernant un état physique déficient, l'annonce d'une maladie* et des rappels de préoccupations médicales. Mais le médecin du rêve a une fonction plus psychologique; il ausculte et diagnostique ce qui ne va pas dans le psychisme du rêveur; il peut même proposer des remèdes dont le nom, même inconnu des codex pharmaceutiques, doit être retenu par le rêveur puisque les prescriptions ont autant d'importance, si ce n'est plus, que la maladie elle-même.

«Médecin, guéris-toi toi-même». Cette sentence latine a beaucoup de sel pour le régisseur des rêves car la superposition rêve-acteur fait que le conseil donné au praticien s'adresse au rêveur. Et là, se trouve le subtil enseignement du théâtre des rêves : «Que le rêveur se guérisse lui-même de ses faiblesses, maladies et blessures!»

● *Lorsqu'un médecin se penche sur le rêveur,* qu'il a le temps de faire une médecine clinique et non pas tarifiée, le message est à l'espérance de la guérison des malaises psychologiques du rêveur.

● *Si le médecin du rêve se fait attendre*, qu'il a oublié sa trousse, qu'il ne trouve pas ses instruments... l'avis est à la modération ; le rêveur n'est pas encore guérissable pour des motifs que d'autres composantes du rêve définiront.

Lorsqu'un médecin apparaît sur la scène du rêve, il faut que le rêveur accepte la fusion des personnages jusqu'à l'absurde, soit la mort et la guérison du médecin en même temps que celle du malade. Mais le rêveur retiendra d'une manière générale que l'apparition d'un médecin, d'un chirurgien, ou de toute personne appartenant au corps médical, lui est favorable puisqu'elle lui annonce des soins, des secours et des traitements.

● *Que le rêveur ne confonde cependant pas le médecin, homme de science, avec des guérisseurs empiriques*, rebouteux et autres marchands d'orviétans, car, si cela était, le rêve montrerait alors au rêveur qu'il se trompe de voie et qu'il s'abuse lui-même sur ses améliorations de corps d'âme et d'esprit.

Mer

La vie vient de l'eau* de mer. Et cette eau n'est pas pure, limpide, incolore, inodore et sans goût comme celle des fontaines, des rivières, des sources. C'est pourquoi le symbolisme de la mer est différent en substance et en densité de celui de l'eau.

La mer est la mère avec toutes ses interprétations de naissance, de fécondité, d'abîme* et d'inconscience.

● *Lorsqu'un rêveur longe une mer calme*, le message est à un contact étroit avec son inconscient. Que va-t-il découvrir tout le long de cette promenade, que va-t-il vivre ?

Autant d'images, autant d'annonces précieuses : un coquillage sur le sable, un bateau* à quai, une barque qui sombre, un paquebot qui file...

● *Lorsque les eaux de la mer du rêve sont agitées,* le rêveur saura qu'il a des vagues houleuses à l'âme et qu'il risque de sombrer s'il ne prend pas garde aux traîtrises des eaux de son inconscient.

● *La mer est si infinie, si grande, si lointaine*, qu'elle peut être source d'angoisses pour le rêveur ; le conseil est alors à une meilleure compréhension des couches profondes de son inconscient, là où se trouvent enfouies des richesses inexploitées à l'image des trésors* engloutis.

● *Lorsqu'un rêveur se sent attiré par le fond de la mer,* il y a danger car il risque d'être submergé par un inconscient mal maîtrisé.

● *Lorsqu'un rêveur nage dans des eaux plaisantes* et qu'il prend plaisir à se vautrer dans les vagues, le message est à une communion réalisée avec les eaux-mères originelles et il présage, de la sorte, une re-naissance.

● La mer est une volière de symboles pour le théâtre des rêves et l'un des plus beaux à voir et à espérer est *lorsqu'un rêveur sort, peut-être exténué mais vivant, d'une mer enfin apaisée.*

Mère

Les femmes* ont des rôles essentiels dans le théâtre des rêves : de l'amante à l'épouse, de la prostituée à la sainte nitouche, de la femme d'affaires à la femme au foyer... le rêveur a le choix ; mais le premier rôle, celui dont découlent tous les autres, est celui de la Mère.

Elle est le point de départ de tous les autres types de

femmes qui pourront apparaître, puisque c'est elle qui conçoit, met au monde, nourrit et apporte les premières impressions d'amour* absolu. Du moins, tel devrait être le synopsis du rôle maternel !

C'est ainsi que faire apparaître l'image d'une mère semble tout à fait opportun pour le régisseur des rêves quand il s'agit de faire naître une atmosphère de souvenirs d'enfance et de tendresse absolue.

● Si la Mère du rêveur est ou a été frustrante, pour différentes raisons qui restent à analyser. le rêve signalera cet état par *des visions d'une Mère beaucoup moins aimable*.

Le rôle du rêve n'est pas en effet d'entretenir des sentiments maternels ou filiaux inconditionnels, aussi lorsque le comportement maternel a eu des conséquences fâcheuses sur l'équilibre et la progression du rêveur, le rêve ne se gênera nullement pour l'affirmer parfois avec un réalisme aigu.

Tout n'est pas que bénéfique dans les rêves de la Mère ; elle apparaît parfois comme une marâtre autoritaire et intransigeante et le rêveur devra méditer cette vision qui peut parfois être traumatisante pour l'affectivité du rêveur.

● *Lorsqu'une Mère parle tendrement*, console et réconforte le rêveur, il est possible qu'un mécanisme de compensation soit en train de jouer ; le rêveur manquant effectivement de tendresse maternelle la retrouve alors idéalement par le truchement du rêve.

● *Lorsque la Mère du rêve réprimande le rêveur*, se montre sévère sans être injuste, le conseil est précieux pour le rêveur. Il lui faut réfléchir à ce qui, dans son comportement, peut être motif à correction. Mais, dans ce cas, le rêveur sentira une gêne et une pudeur d'enfant* car il est inconvenant pour sa fierté d'adulte d'avoir des comptes à rendre à sa Mère comme un bambin.

Métal

Les rêves de métal sont en liaison avec les mines, les forges et le feu*. Toucher ou tenir des barres ou des pièces de métal en rêve — et il peut s'agir d'or*, de cuivre, de fer blanc... — indique que le rêveur est en possession d'énergies. Certaines devant être alliées afin d'être utiles, d'autres fondues et travaillées, d'autres enfin étant brutes et inaltérables.

Les formes, les poids des objets métalliques du rêve orienteront les réflexions du rêveur. Ainsi, *un objet métallique long et dur*, proposera une interprétation sexuelle* et le rêveur devra comprendre qu'il est « en puissance de... »

Si le métal du rêve fait l'objet de fusion, de martellement et de transformation, l'avis est donné au rêveur qu'il doit travailler ses énergies psychiques brutes avant de les utiliser.

Métro

Cette abréviation de « métropolitain » est courante depuis peu. Pendant des siècles, les couloirs souterrains des châteaux* et des églises*, des champignonnières et autres catacombes ont servi pour exprimer et visualiser les mêmes types de symboles que notre métro quotidien.

Les bouches, les escaliers, les galeries, les portillons, les tickets, l'obscurité des couloirs, leur silence à certains moments, l'écho des pas... toute cette panoplie est bien faite pour évoquer les mille et un pièges et les mille et un méandres de l'inconscient humain.

Lorsque le métro apparaît dans un rêve, il correspond à une excursion dans le sous-sol de l'inconscient du rêveur. Que va-t-il y trouver? Les autres composantes du rêve permettront de répondre efficacement à cette interrogation qui a des relents de psychanalyse, d'autant que cette illustration du métro du rêve ne va pas sans un choix de direction, de voyageurs, de noms de stations et d'incidents de parcours, exactement comme s'il s'agissait d'un voyage au bout d'une nuit psychique.

Meuble

Les meubles du rêve sont les bagages* de la maison ; ils renseignent sur le contenu du psychisme du rêveur, tout ce qui est « à son service ».

La pièce de mobilier qui est sous le projecteur du rêve est à analyser en fonction de l'ambiance de la scène.

● *Un rêveur qui déménage* ses meubles* apprendra qu'il doit changer de style de vie, de desseins, de sentiments car il est en train de « déraisonner ».

● *Lorsque de nouveaux meubles sont livrés au rêveur*, le message est à l'obtention de nouvelles forces et de nouveaux moyens pour parfaire ses projets de vie. Si les meubles sont abîmés ou bancals, l'avertissement est simple à saisir : le rêveur doit réviser, recapitonner et recoller ses énergies défaillantes.

● Certains meubles ont une signification sexuelle* et il suffit de remarquer leur forme et leur utilité pour cerner le message. Ainsi un petit chiffonnier aux formes galbées, un coffre tapissé, un guéridon élégant aux tiroirs mystérieux... possèdent des attributs féminins ; par contre, des lampadaires, des sièges aux dossiers hauts et durs, des porte-manteaux hérissés de patères... ont des attributs masculins.

● Les meubles du rêve peuvent d'autre part être rustiques, modernes, de bureau, d'époque... Chaque détail cernera davantage le message du rêve.

Par exemple, *un meuble de style tarabiscoté*, plaqué or, marqueté et orné, indiquera au rêveur qu'il manque de modestie quant à ses possibilités. *Un meuble en bois blanc* lui dira qu'il manque de confiance en ses moyens.

● Lorsqu'au fil d'un rêve, un rêveur «*se sent bien dans ses meubles*», le message est favorable puisqu'il indique qu'un équilibre et une harmonie cœxistent au sein du psychisme du rêveur entre ses aspirations, ses possibilités et l'inventaire complet de ses tendances.

Midi-minuit

Les heures proposées par le rêve sont à analyser en tant que nombres* qui ont tous un symbolisme spécifique, mais aussi en tant que moment d'une journée. C'est ainsi que les solstices d'un cycle d'une journée sont à l'image de ceux d'une année : midi-l'été, minuit-l'hiver.

● *Lorsque le rêveur se trouve à un midi,* le message est à la joie, à la lumière et à la plénitude ; le rêveur est au midi de sa vie, jouissant de tout ce que ce mot peut suggérer de plein été, de soleil* et de moment privilégié, entre un matin de semailles et un après-midi de récolte.

● Par contre, *lorsque le rêveur vit un minuit,* le moment est à l'obscurité, aux mystères, à la passivité lunaire. Le conseil est alors au repos des énergies et à l'attente d'un nouveau matin.

Les ambiances du rêve définiront par ailleurs les domaines qui sont concernés : affaires,vie privée, amour... Et ce sera au rêveur de s'expliquer les orientations privilégiées en observant le sens de l'ombre du cadran solaire du rêve.

Miel

Voir *abeille, ours.*

Miroir

Le miroir du rêve ne ment jamais en réfléchissant les images. Il permet, comme tous les miroirs magiques des contes de fées, de voir ce qu'il y a derrière « les choses » et encore mieux, ce qu'il y a à l'intérieur du rêveur. Aussi, le premier conseil au rêveur du miroir est qu'il ne fasse pas comme l'homme de la fable de *La Fontaine* en « l'accusant d'être faux ». !

● *Lorsqu'un rêveur ne peut se voir*, parce que le miroir du rêve est brisé ou que la vision en est brouillée, le message est important : le rêveur doit nettoyer ce qui est terne et trouble en lui. L'examen des autres composantes du rêve lui permettront de savoir s'il s'agit de sentiments, de pensées ou de lui-même.

● *Lorsqu'un rêveur ne se reconnaît pas* en se regardant dans un miroir, le conseil est à une nouvelle prise de connaissance de soi et la question est essentielle : qui suis-je ? Et si l'inconscient prend la peine de poser cette question, c'est que la réponse à donner par le rêveur est capitale.

● *Lorsque le miroir laisse voir un visage étrange*, le message du rêve vient des profondeurs du psychisme du rêveur. Ce sont alors des visions de personnages souvent allégoriques inventées par l'inconscient pour expliquer les mystères de la vie et de la mort et qui obligent le rêveur à méditer à défaut de réfléchir.

Le mot miroir puise ici toute son interprétation symbolique dans son équivalent latin de « *speculum* » qui a donné le mot « spéculation ».

Monstre

Voir *animal, baleine, serpent.*

Montagne

Voir *ascenseur, colline.*

Mort

La mort dans un rêve n'est pas sérieuse puisque le rêveur se réveillera pour s'en souvenir. Mais elle peut être angoissante dans la mesure où le rêveur continuera à vivre après avoir subi l'expérience de sa mort.

● *Lorsqu'un rêveur se sent mourir,* il n'y a pas de message de disparition physique. Si quelque chose doit décéder, ce seront soit des relations agonisantes, soit des sentiments moribonds, soit une certaine partie du rêveur, celle que l'inconscient juge trop vieillie, mal à sa place dans le monde des vivants.

● *Un rêveur qui se rend à l'enterrement d'une personne connue ou d'un parent* doit comprendre que quelque chose est mort dans les relations qu'il peut avoir avec la personne en question.

Ainsi, apprendre dans le rêve que telle personne aimée est morte ne signifie nullement qu'elle est passée effectivement de vie à trépas mais que l'amour* pouvant exister est fini et le symbole de mort est là pour confirmer au rêveur ce qu'il n'accepte ou ne veut peut-être pas comprendre, à savoir que le sentiment amoureux qui a été une réalité vivante n'est plus qu'illusion.

● *Lorsqu'un rêveur est en péril ou en danger de mort*, le rêve insiste sur des faits psychiques qui risquent de détruire une certaine existence : un projet, une initiative, un sentiment...

● *Il peut arriver qu'un rêveur cherche sa mort comme s'il s'agissait d'une amie :* le message est essentiel pour la vie future du rêveur car l'accent est mis sur la délivrance d'une peau* négative et sur un dépouillement de certaines pseudo-obligations qui empêchaient le rêveur d'atteindre une nouvelle vie.

● *Si le rêveur ne veut pas mourir*, qu'il se sent angoissé par l'idée de sa mort, la signification du rêve est ambiguë. Bien sûr, il fait état d'une crainte tout à fait compréhensible mais il demande aussi au rêveur de se préparer à rendre son dernier soupir avec philosophie.

Tant que le rêveur craindra de faire le grand voyage, il ne pourra pas l'entreprendre puisque l'autre monde à atteindre étant céleste ou infernal ou différemment terrestre ne peut être atteint que dans un état de paix intérieure dont toute inquiétude aura été bannie.

Mur

« Jusqu'au ciel, pierre à pierre, élevons notre mur », ainsi parle Victor Hugo alors qu'il médite dans l'île de Jersey sur la vie et la mort.

Le mur du rêve pourra être de pierre, de briques, de verre, invisible même, mais il aura plusieurs fonctions symboliques : soutenir, protéger, clôturer, fermer... mais surtout matérialiser une séparation entre deux mondes.

● *Lorsqu'un mur s'élève aux pieds d'un rêveur*, le message est à l'arrêt de sa progression ; mais peut-être pourra-t-il *contourner l'obstacle*, trouver une échelle ou trouver une porte* ; dans ce cas, le mur du rêve l'avertit de problèmes qui seront résolus puisqu'il n'est pas infranchissable.

● Par contre, *si le mur est aveugle*, haut et solide*, l'avertissement est important ; il faut que le rêveur réfléchisse aux entraves qui barrent sa route*.

● *Si le mur du rêve lui procure un sentiment de sécurité*,

l'idée du songe est de lui faire prendre conscience d'angoisses et de sentiments de faiblesses.

Le mur du rêve, qu'il soit recouvert de lierre, hérissé de bouts de verre ou simple clôture en fil de fer, aura toujours un inconvénient : il limite d'une façon ou d'une autre le champ de vie du rêveur et il l'empêche d'avoir une voie libre vers un quelque part.

● *Si un mur sépare deux maisons**, qui symboliquement sont habitées par deux familles ou deux êtres, un homme et une femme, le message est à une scission possible, soit entre deux sentiments ou deux opinions à l'intérieur même du rêveur, soit à une séparation envisageable entre le rêveur et une personne aimée, qui fut aimée, moins aimée, trop ou mal aimée... Et c'est d'ailleurs pour cela que le rêve met un éclairage brutal sur une situation de séparation que le rêveur refuse peut-être.

● *Lorsqu'un rêveur a la curiosité de regarder derrière le mur*, il est invité à sortir de son enclos et le message est alors à l'espérance puisqu'il se passe toujours quelque chose derrière les murailles.

Musée

Voir *guide*

Musique

C'est la nature qui a inventé la musique avec toute la gamme des bruits de l'eau*, du vent, des arbres*, des orages*... puis vinrent les cris des animaux*... Une théorie sur la « musique naturelle » ferait intervenir des sons nés dans le cosmos, dont certains inaudibles, et parlerait d'orchestres végétaux, animaux et minéraux.

Le rêve se sert de la musique pour rappeler au rêveur que son cœur* est amoureux, un peu, beaucoup, tendrement, passionnément; de plus le théâtre des rêves fait apparaître des instruments qui visualisent les corps de la femme et de l'homme.

C'est ainsi que les rêves de musique, — sauf bien entendu dans le cas de réminiscences d'un spectacle, de chansons, de mélodies que le rêveur fredonne et qui marquent d'une note un moment agréable, un instant de tendresse — annoncent des préoccupations sentimentales et sexuelles*.

● *Lorsque la musique du rêve est cacophonique* que les instruments perdent leurs cordes, le message est à une disharmonie des sentiments.

Nain

Il peut arriver qu'un rêveur se sente devenir nain. Petit, ridicule et peureux, le nain du rêve informe que quelque chose est rapetissé, diminué et exigu chez le rêveur; s'agit-il de mesquineries, de bassesses ou plus simplement d'un complexe d'infériorité ?

L'inconscient du rêveur veut, par une telle image, montrer sa vulnérabilité et son manque d'élévation, mais curieusement il est possible qu'un rêveur devenu nain se sente à l'abri des autres et du monde; protégé par sa petitesse, il passe alors inaperçu et arrive, presque en se moquant, à se cacher dans des trous de souris. Le message du rêve est ainsi plus optimiste mais il dit tout de même au rêveur : «Tu es un poltron!»

La conclusion à tirer d'un tel rêve est de redonner de la hauteur à ses projets et de se hausser au-dessus de ses manques de confiance en soi.

Naissance

Voir *accouchement, banque, berceau, mer, nombre, nuit, œuf, porte, tombe.*

Naufrage

Voir *bateau*

Neige

Voir *hiver.*

Nez

Le nez du rêve n'est pas uniquement fait, comme le dit plaisamment le *Candide* de Voltaire, «pour chausser des lunettes», il indique au rêveur qu'il a du flair et de la clairvoyance et aussi qu'il a peut-être tendance à le mettre dans les affaires d'autrui, et ce, psychologiquement et sexuellement*.

● *Lorsqu'un rêveur se voit avec un faux nez*, le message est à l'erreur et à l'usurpation : ses qualités de discernement ne sont pas ce qu'il croit.

● *«S'il ne voit pas plus loin que le bout de son nez»*, le rêve lui indique qu'il manque de prévoyance, et à la limite, *s'il n'a plus de nez*, il est certain qu'il se trouve complètement démuni de flair en ce qui concerne telle situation ou tel sentiment que le rêve lui expliquera avec d'autres composantes.

● Il est possible que le rêve, inspiré par quelque dessin

de *Picasso, déplace le nez du rêveur ou le fasse trop long ou curieusement fait*; le message est alors à l'étrangeté de certains comportements et à quelques fantaisies dans ses aptitudes de perspicacité.

● *Un rêveur affublé d'un nez phallique* ou «jouant de son nez» comme un animal joue de son groin, apprendra qu'il est redevenu, l'espace d'un rêve, l'homme primitif flairant quelque chair fraîche y compris celle d'une compagne de passage.

Nœud

Voir *corde, inceste, serpent.*

Noir

Voir *nuit, orage.*

Nombre

Les nombres sont les mots préférés du langage du rêve. Ils s'additionnent, se soustraient, se divisent et se multiplient à l'infini, d'où l'utilité du zéro qui permet aux chiffres premiers de croître.

Chaque nombre possède un forme particulière qui parle au psychisme, c'est pourquoi le premier message vient des images qui sont facilement et primitivement suggestives. Ensuite, vient la valeur, la mesure qui sert à des interprétations où les mathématiques l'emportent sur le figuratif et l'intuition.

La superposition de ces deux réflexions donne aux chiffres des atouts symboliques multiples mais aussi inextricables. L'art du rêveur sera de considérer et la forme et le fond du chiffre du rêve et de tenter de les fondre en un amalgame psychologiquement utilisable.

● Le **zéro** est l'anti-nombre. Il est rond et veut dire nul, rien, zéro. Le rêve d'un zéro visualise le sexe* féminin, soit une idée de fécondation possible, de naissance de quelque chose. Il est vrai qu'un zéro placé à côté d'un chiffre « normal », donne à ce nombre des produits et des sommes qui ressemblent fort à des enfants.

● Le **un** propose un sexe viril prêt à pourfendre puissamment et orgueilleusement le moindre espace. Le message du rêve indique le début, la germination de quelque chose : un amour, une entreprise... ce sera le contexte du rêve qui éclairera cette première idée. Mais d'autorité, le rêveur saura que le chiffre *un* lui donne l'énergie première, le potentiel de départ pour commencer une œuvre.

● Le chiffre **deux** annonce une dualité, une difficulté de choix et de décision. Pour arriver au chiffre *trois*, le chiffre *un* passe obligatoirement par ce chiffre *deux* ; ce cheminement doit être compris comme un passage inévitable dans l'enfer des ambivalences et des contrariétés avant d'arriver au paradis d'harmonie et de perfection, proposé par le *trois*.

Mais rêver d'un chiffre deux peut également avoir une coloration sentimentale ; « être deux » est synonyme de duo d'amour*, de « toi et moi regardant dans la même direction », de fusion du masculin et du féminin. Le rêve d'amour de tout être est bien « d'être à deux » !

● Le chiffre **trois** apparaissant dans un rêve est un excellent présage. Il évoque la Trinité biblique, soit l'unité au sein du psychisme du rêveur des trois plans : instinct, cérébral et sentiment.

Il y a également une signification magique dans l'apparition du chiffre *trois* : « Toutes les bonnes choses vont par trois » écrit le poète anglais *Thomas*, et il est vrai que ce nombre est un révélateur : le plus bel exemple étant l'addition «homme + femme = enfant».

Le conseil est donné au rêveur, lorsque ce chiffre résonne lors des trois coups annonçant un lever de rideau ou qu'il tourne trois fois quelque objet entre ses doigts, de réfléchir à la thèse et à l'antithèse d'un événement, d'une idée ou d'un sentiment, afin d'en retirer la substantifique mœlle dans une synthèse équilibrante.

● Le chiffre **quatre** rejoint les interprétations de la forme géométrique du carré. Rêver du chiffre *quatre* confirme une tendance du rêveur à vivre au carré soit à être peut-être un peu trop matérialiste.

L'apparition du chiffre ou d'une circonstance au cours de laquelle se profile en filigrane le chiffre quatre, est, d'une manière générale, fort bénéfique car un équilibre est suggéré : celui des cycles des saisons, celui des orientations cardinales.

● Le chiffre **cinq** est le point central, indice d'harmonie et d'équilibre, entre quatre directions ou entre deux fois deux nombres.

Lorsqu'il apparaît en rêve, il indique un psychisme en bon état, sachant compter et comptabiliser les éléments pour et contre et d'opérer une synthèse.

● Le chiffre **six** ne possède pas un symbolisme bien défini : lorsqu'il apparaît dans un rêve, il s'intéresse à un fait particulier que le rêveur est souvent le seul à connaître.

● Le chiffre **sept** contient beaucoup de mystères ! Il est fort pratique cependant car il comptabilise les sept jours de la semaine et nombre d'objets et de circonstances qui sont ainsi devenues aisées à retenir.

L'aura magique qui entoure ce chiffre lui donne un symbolisme précieux et sacré. Lorsqu'il apparaît dans un rêve, il est certain que quelque chose d'important se prépare pour le rêveur. La clef de l'énigme devant être trouvée dans l'analyse des autres composantes du rêve.

● Le chiffre **huit**, soit quatre + quatre, visualise une addition de matière. Il représente dans un rêve la solidité, le bétonnage des décisions concrètes.

● Le chiffre **neuf** est avant toute chose celui du cycle de la gestation. Toute la magie de ce nombre est contenue dans cette idée de naissance* ; ainsi, lorsqu'il apparaît en rêve, le message est remarquable d'espérance et promoteur de fruits et de produit.

● Le nombre **dix,** lorsqu'on l'écrit en chiffres et non en lettres, soit 10, visualise la rencontre des deux éléments mâles et femelles, comme peuvent le faire certaines lettres de l'alphabet, *d* par exemple (ou *q*), qui, lorsqu'on sépare les traits formateurs, donne *ol*.

Lorsque ce chiffre apparaît, le message peut contenir un zeste de sexualité puisque le rapprochement homme-femme se conclut par un acte de fusion. Il peut également informer le rêveur que le cycle des événements est arrivé à son terme et qu'il lui faut recompter en repartant à zéro.

Nord-sud

Une boussole situe un rêveur dans un espace plat : à l'instant où il s'arrête en un endroit quelconque, il devient le centre de sa propre boussole puisque les quatre points cardinaux ont comme point de référence sa situation.

● *Devant le rêveur se trouve le nord* et le message est évident quand dans un rêve il le perd. L'avertissement est d'ailleurs très sérieux; il lui est recommandé de ne pas s'égarer dans des divagations d'idées ou de sentiments et de bien orienter sa vie, éventuellement en utilisant la boussole symbolique de quelque aide.

● *Derrière le rêveur se cache le sud.* Ce point cardinal est à la fois ce qui est derrière ou dessous donc que l'on ne voit pas et que l'on imagine; il est aussi le midi*, avec tout ce que ce mot donne à rêver : les vacances, les senteurs de Provence, le soleil*et la mer*. Entre les deux, le sud est tout simplement une direction à prendre lorsque des circonstances y invitent.

Nourriture

Tout rêve de nourriture est significatif d'une faim qui est davantage spirituelle, affective, sensuelle et psychique que corporelle.

Lorsqu'un rêve de nourriture apparaît, le rêveur doit examiner et se souvenir du menu proposé car, suivant la phrase du gastronome *Brillat-Savarin*, «L'homme est ce qu'il mange.» Le rêve donnera des messages sur ce que doit ou ne doit pas manger symboliquement le rêveur.

● A côté des mets, la façon de manger complètera les messages; ainsi, *si le rêve visualise un appétit glouton et une débauche de nourriture*, le rêveur devra comprendre qu'il a tendance à trop vouloir absorber la vie; inversement, *si le rêveur a un «appétit d'oiseau*»*, il devra comprendre qu'il n'est pas assez ambitieux.

Avec qui le rêveur prend-il ses repas? Là encore un supplément d'enquête est apporté, car c'est le contexte des personnages qui définira le domaine concerné par le rêve : financier, familial, affectif, sexuel, intellectuel...

● *Si le rêveur mange bruyamment*, l'avertissement sera à la modestie, *s'il mange du «bout des dents»*, au snobisme mal placé. *S'il mange salement*, c'est alors la manière dont le rêveur se comporte dans la vie qui se trouve concernée.

● *Lorsqu'un rêveur fait un repas composé de laitages**, le message est un clin d'œil sur une immaturité, *s'il* *croque des pommes ou ouvre des noix*, l'éclairage est sexualisé. *S'il mange des herbes ou des aliments médiocres*, il y a indice de carence de ses énergies.

● Il n'est jamais bon *qu'un rêveur refuse de manger* car il nie alors des exigences vitales mais il ne faut pas non plus *qu'il mange de trop*, jusqu'à devenir un ventre, car alors il ne peut accorder d'attention aux choses de l'esprit.

● Il ne convient pas non plus *que le rêveur mange de la poussière*, mais si cela est au menu du rêve, le message est à une extrême prudence. Il y a un avis de projet, de faillite et de défaite, à moins que le rêve, dans sa sagesse, informe le rêveur, qu'étant redevenu poussière, il est prêt à renaître à une nouvelle vie.

Nudité

La nudité pour le rêve n'est ni immorale, ni inesthétique. Le rêveur qui se voit promener nu dans les ambiances du rêve ne se sentira d'ailleurs pas choqué outre mesure et il aura raison.

Il y a dans les images de nudité, non seulement des traces de sensualité et de sexualité* mais surtout des indications de pauvreté à tous les niveaux : financière, sociale, sentimentale, psychologique... à moins que le rêve ne se serve de cette illustration de «simple appareil» pour informer le rêveur qu'il a atteint son paradis terrestre où tout est idéalement nu, dépouillé et pur.

La nudité du corps du rêveur donne le degré de «dévoilement» de celle de son âme. Mais il y a une différence entre être nu ou relativement dénudé et être en guenilles. Ainsi lorsqu'un rêveur est en haillons*, il y a misère morale et psychique, tandis que lorsqu'il est nu, ce nu est allégorie de vérité idéale et de dépouillement victorieux sur soi-même.

● *Lorsqu'un rêveur a honte d'être nu*, il doit admettre

qu'il a trop dévoilé ses idées ou ses sentiments et le conseil est donc à la prudence. Peut-être doit-il maquiller ou habiller de pudeur et de modestie certaines de ses attitudes.

● *Lorsqu'un rêveur se dénude*, le contexte du rêve peut être à l'amour ou à la souffrance, selon que le rêveur se trouve en compagnie galante ou qu'il s'allonge sur un lit d'hôpital. Le message du rêve est alors différent : le premier parle de caresses et de tendresse, le deuxième de problèmes de corps, de cœur et d'esprit selon l'origine du mal.

● *Lorsqu'un rêveur est nu et heureux de l'être*, l'inconscient lui signale qu'il a atteint un état sans fards* et sans déguisement. Le nu est alors l'image d'un enrichissement intérieur qui s'est fait au fur et à mesure du dépouillement des apprêts extérieurs.

● *La nudité féminine* est fascinante pour un rêveur masculin. Le message est sensuel et sexuel puisqu'il transforme le rêveur en voyeur, situation qu'il aimerait peut-être créer dans sa vie éveillée mais que les convenances, les tabous, les refus de laisser jouer ses fantasmes, l'empêchent de réaliser.

Un rêveur nu n'est jamais indécent ; de plus, il est certain que des habitudes de se voir nu ôtent la magie érotique de la nudité. C'est ainsi que le rêveur ne doit pas s'offusquer de ce type de rêve. L'intérêt symbolique d'un déshabillage apparaît alors : il est une invitation à se dépouiller des fausses valeurs, des masques et des entraves qui abîment les vérités essentielles.

Nuit

La nuit du rêve est soit épouvantable «aux cheveux noircis et aux couleurs livides» comme le chante un poète mélancolique, soit active, douce, muse des vérités et lumineuse d'idées et de sentiments sublimes pour ceux qui savent l'aimer.

Nuit et noir sont deux mots très proches et lorsqu'un rêveur est perdu dans un rêve de nuit, il vit des impressions angoissantes. Mais le message n'est pas que pessimiste : certes, il indique que le psychisme du rêveur «est dans le noir» et qu'il est donc plongé dans la tristesse mais le rêveur doit savoir que la nuit du rêve est annonciatrice d'un jour nouveau car telle est la loi du monde cosmique.

● La nuit peut être également un prétexte à jeux, veillées et fêtes; *l'apparition d'une boîte de nuit* possède un symbolisme bien différent de celui d'un asile de nuit!

Le rêveur, heureux de vivre sa nuit, reçoit le message que les zones d'ombre de son psychisme lui sont complices et non ennemies.

● *La nuit du rêve, si elle est secrète et mystérieuse sans être dangereuse*, donne au rêveur une espérance de découverte et de commencement; les obscurités de la nuit ne sont plus alors génératrices de cauchemars, d'idées et de papillons noirs mais propices à la méditation et au recueillement; la nuit du rêve porte alors conseil et n'est pas là pour faire pleurer le rêveur mais pour donner naissance à un jour nouveau.

Obstacle

Voir *accident, bâton, pont.*

Œil

Le pouvoir magique des rêves est de permettre au rêveur de se voir lui-même, ce qui l'autorise d'ailleurs à devenir clairvoyant ! L'œil du rêve a ainsi une fonction essentielle, il parle visuellement avec une limpidité cristalline et indique au rêveur ce qu'il doit réellement voir pour les bienfaits de son psychisme et de sa progression dans la vie.

● *Lorsqu'un rêveur a des troubles oculaires*, qu'il est myope ou presbyte à l'excès, que les yeux lui brûlent, larmoient, picotent de poussières, le message est aisé à comprendre : le rêve, par ces images, lui indique qu'il manque de discernement, qu'il ne voit pas les choses, les êtres et les sentiments tels qu'ils sont, qu'il a même un bandeau qui l'empêche de regarder en face toutes les réalités de la vie et notamment des vérités qui ne sont pas toujours « belles à regarder ».

● *Si le rêveur « voit loin »*, qu'il a des yeux de lynx ou plus simplement des yeux qui non seulement regardent mais voient avec acuité, la communication du rêve est à une bonne vision du monde, de la vie et des êtres ; le message est à l'intelligence et à la distinction claire et nette des idées et des sentiments, les siens et ceux d'autrui.

Ce type de rêve confirme que le rêveur est sur la route d'une bonne connaissance de soi et qu'il ne triche pas « en fermant les yeux ».

L'œil n'est pas que l'organe de la vue. Pour le rêve il est plus que physique, il est l'œil du cœur et de l'esprit.

Il est écrit quelque part que « l'âme a deux yeux, l'un regarde le temps qui passe, l'autre est tourné vers l'éternité ». Il en est de même pour le théâtre du rêve mais le strabisme divergent des yeux du rêve est en faveur des deux mondes, visible et invisible, du rêveur, autrement dit son inconscient et son conscient. C'est ainsi que lorsqu'un rêveur « voit double », il n'est pas impossible qu'il lui soit permis de pénétrer dans les couches sombres de son psychisme.

● *Lorsqu'un rêveur voit « trente six chandelles », ou*

« qu'il en voit de toutes les couleurs », le conseil est à la prudence car il semble qu'il ne soit pas capable de voir les choses telles qu'elles sont, à leur juste valeur et à leur juste volume ; trop d'imagination et d'illumination l'empêchent d'avoir une image saine de ce qui scintille dans son esprit et dans son cœur.

● Lorsqu'un « mauvais œil » apparaît dans un rêve, la question est de savoir pourquoi et qui le regarde ainsi. Peut-être y a-t-il des médisances dans son entourage ou a-t-il blessé quelqu'un par des propos empoisonnés qui se retournent contre lui ?

Mais, fort heureusement pour le rêveur, le théâtre des rêves possède des gris-gris, des talismans et des formules qui lui permettront de se défendre contre ce mauvais sort, de mieux voir et d'être guéri de ses mal-voyances ; apparaîtront alors dans la suite du rêve, des médecins, des guérisseurs et des objets que le rêveur reconnaîtra, dans la magie du rêve, comme des moyens de défense efficaces : boule, anneaux, dessins, plantes...

● De nombreuses locutions, proverbes et sentences utilisent les mots œil et yeux : *« pour les beaux yeux de, regarder d'un bon œil, faire les gros yeux... »*. Le rêve utilisera ses images fréquemment car elles n'ont pas besoin de mots et de périphrases pour être comprises. Ainsi, pour le rêve, les yeux seront efficacement les « miroirs* de l'âme ».

Œuf

Qu'il s'agisse d'idées ou de sentiments, l'œuf du rêve indique qu'une fécondation s'est accomplie et qu'une réalité est en train de progresser. Qui dit œuf dit nid, coquille et sein maternel et c'est pourquoi l'œuf du rêve donne un message de naissance ou de re-naissance d'une certaine partie du psychisme du rêveur avec, en prime, une espérance de produits de qualité.

● *Lorsqu'un rêveur casse des œufs*, indépendamment de toute idée de faim ou de confection culinaire, le message est à l'extériorisation des possibilités qui sont peut-être encore en gestation.

● *Si un rêveur met, d'une façon ou d'une autre, « tous ses œufs dans le même panier »*, le conseil est à la prudence; que le rêveur ne place pas ses productions aussi bien concrètes et palpables que psychiques dans une même affaire; et ce proverbe fort sage s'adresse également aux sentiments ce qui, d'ailleurs, pourrait passer pour une invitation subtile aux infidélités!

Mais le rêve, qui connaît le futur du rêveur, soumet cette image à ses méditations probablement pour des raisons de protection quant à des problèmes de discorde amoureuse à venir.

Oiseau

Le ciel* semble avoir été inventé pour les oiseaux et les nuages. De plus, les uns comme les autres servent à dire des présages. Les météorologues, avec leur connaissance des nuages, ne parlent-ils pas le même langage que les devins qui interprètent les vols d'oiseaux!

Les oiseaux des rêves possèdent certaines aptitudes qui sont celles des anges* puisqu'ils sont les messagers du ciel. Ils sont surtout les symboles de l'esprit et de l'âme du rêveur; ils expliquent ses pensées qui pourront être « légères comme un oiseau » et parfois tellement inconsistantes qu'elles lui donneront une « tête d'oiseau ».

● *Lorsqu'un rêveur se voit « oiseau sur la branche »*, le message est à une redescente sur la terre des réalités; et puisque le moment est à l'indécision et aux vagues à l'âme, le conseil est double : que le rêveur n'entreprenne rien de définitif et qu'il cherche où se trouve son arbre*, symbole de stabilité.

● *Si un ou des oiseaux volent haut et harmonieusement*, dans un ciel serein, le message est tout à l'avantage des qualités intellectuelles du rêveur ; de plus, il est suggéré que son psychisme n'est pas prisonnier* d'exigences par trop terrestres ; il lui est ainsi annoncé qu'il est capable d'envolées et de survol des problèmes, qu'il est en progression et prêt à se laisser porter par des courants ascendants.

● Il y a beaucoup d'orgueil chez un rêveur qui *se croit capable de voler comme un oiseau* ; mais s'il y arrive, il saura qu'il a atteint un degré exceptionnel de sublimation de ses tendances.

● *Lorsque l'oiseau du rêve a une patte abîmée*, une aile* cassée, qu'il est déplumé, tombé hors de son nid, le rêveur comprendra que quelque chose « vole bas » dans son psychisme et que ses aspirations d'élévation sont engluées dans des terre-à-terre contraignants. Avant que de prendre de l'altitude il est alors conseillé au rêveur de s'inquiéter des réfections à apporter à ce qui est blessé et abîmé en lui.

● Chaque oiseau du rêve possède une définition particulière ; certains concernent le domaine affectif, *les colombes** par exemple ; d'autres illustrent l'action, comme l'aigle* ; c'est pourquoi le rêveur doit associer l'ambiance générale du rêve, le genre d'oiseau et le symbole « oiseau » en tant qu'entité.

Des oiseaux ont toujours peuplé les palais : *le coq** gaulois reste celui des républiques, *l'aigle* a été napoléonien et même des *poulets* ont été sacrés par Rome... C'est ainsi que le symbolisme de l'oiseau, mélange de toute neuve puissance et de jeune sexualité, indique l'espérance d'une force vive pouvant être le tremplin d'élévation.

Le nom de l'oiseau du rêve est déjà tout un programme et le rêveur pourra déjà trouver un message en jouant sur les mots que l'oiseau propose : flamant, sarcelle, canard, poule, paon, coucou, corbeau, pie, faucon..., sans oublier les couleurs et le chant.

Or

L'or du rêve peut se manifester sous différentes formes; bien sûr l'or peut se faire argent*, écu et joyaux, mais il peut aussi être lumière sans aucune idée de lucre et de luxe. L'or est alors le langage, l'habit et les yeux du soleil*.

● *Lorsqu'un rêveur se voit et se sent entouré d'une lumière dorée*, enveloppé dans un halo ensoleillé et bienfaisant, il est informé que son évolution psychique a atteint un degré précieux de perfection. Il est devenu lui-même un reflet de la «lumière céleste» et il est arrivé à un haut point de connaissance comme si une transmutation alchimique s'était élaborée dans son psychisme.

● *Si le rêveur compte des pièces d'or*, le rêve peut donner le change d'un état de pauvreté financière en permettant au rêveur de palper les écus symboliques qui lui font défaut.

● *Lorsqu'un rêveur se voit «cousu d'or»*, il n'est pas impossible que le message soit l'annonce d'un héritage ou de quelque création fructueuse.

● *Si un or sale et jaunâtre pointe à l'horizon du rêve*, une idée de perversion n'est pas exclue. L'avertissement est alors que le rêveur ne se laisse pas tenter par des opérations financières, des projets ou des sentiments «en or» qui seraient trafiqués.

Orage

L'orage ressemble à une messe noir et or au cours de laquelle des forces célestes et cosmiques terrassent la terre.

● *Lorsqu'un orage éclate dans le ciel* du rêve*, des puissances créatrices se réveillent chez le rêveur ; il visualise un mélange de passion et de magnétisme dans les sentiments et les imaginations du rêveur. Ce rêve est annonciateur de menaces sérieuses pour les énergies du rêveur car elles auront à craindre des grondements, des éclairs et des éclats de colère.

● *Après l'orage*, lorsque se dissipent les tumultes du temps, le ciel redevient beau ; il y a donc en un deuxième temps, un message d'espérance que le rêveur recueillera avec sérénité.

● *Lorsque l'orage du rêve malgré ses zébrures, ses pluies et ses bruyances n'est pas trop effrayant*, le rêveur doit comprendre qu'il est temps pour lui d'abandonner un style de vie trop banal et trop tranquille. Le rêve est alors motivé par des aspirations qui devaient être celles de Châteaubriand lorsqu'il a écrit « Levez-vous orages désirés ! », ces fameux orages qui devaient emporter *René* dans les espaces d'une autre vie : il y a aussi des orages romantiques !

Orange

Voir *fruit.*

Oreille

Les oreilles du rêve ne sont pas seulement faites pour

écouter. Bien sûr, *lorsqu'un rêveur «prête l'oreille» ou qu'il «dresse l'oreille»* il lui est conseillé de faire plus attention à ce qui se passe autour de lui et en lui et surtout d'écouter le langage de son inconscient et d'entendre ce qui est nécessaire à son évolution.

● Mais l'oreille symbolise aussi l'animalité, les instincts du rêveur qui peut se retrouver, par exemple, *avec des oreilles d'âne** comme le roi Midas. Le message est alors à la sottise et à la vanité. Le rêveur doit réfléchir à certains de ses comportements par trop ridicules et risibles aux yeux de son inconscient et des autres, plus conscients.

De nombreuses locutions qui ont les oreilles pour support peuvent être visualisées en rêve ; chacune devra être comprise selon le contexte mais également en tenant compte des préoccupations du moment. Ainsi «*se gratter l'oreille, se faire tirer les oreilles, avoir les oreilles échauffées, ...*» Toutes ces propositions imagent des situations que le rêveur devra accepter comme autant de conseils et d'avertissements.

Os

Lorsque dans un rêve «il y a un os», le message est clair comme une arête piquante dans un gosier : le rêveur doit faire attention à ce qui peut arrêter une bonne assimilation de ce que son psychisme a à absorber. Il y a dans la vie psychique du rêveur des obstacles à découvrir d'abord, à surmonter ensuite.

● Les os du rêve sont donc des messages de difficultés mais il peut arriver *qu'ils recèlent une «substantifique moëlle»* comme l'écrit Rabelais. Le message est alors fort différent puisqu'il explique que des produits et des matériaux riches de sève et de suc sont à espérer.

● *Les rêves d'accidents** proposent des fractures d'os en tous genres et, selon les membres cassés, cet avertissement indique que «quelque chose est brisé» chez le rêveur, ainsi l'esprit lorsqu'il s'agit du *crâne*, la mobilité avec les *jambes*, le matériel avec les *pieds*...

● Il peut y avoir dans *le rêve d'un amoncellement d'os*, comme en montrent les catacombes et les ossuaires, l'avertissement d'un décès réel ou symbolique; dans le second cas, ces ossements sont là pour annoncer un dépouillement et la disparition d'une peau charnelle, visible et périssable au profit d'un psychisme désincarné d'accessoires inutiles pour l'évolution de l'âme.

Ours

Dans la ménagerie des rêves, l'ours tient une place particulière. Il est d'abord l'ourson cher aux enfants*, tout doux, tout miel*, qui par un transfert tout animé de fétichisme, écoute, protège, dort et se réveille au gré des fantaisies et des inquiétudes enfantines.

● *Lorsqu'un rêveur serre contre son cœur l'ourson de son enfance*, le rêve signale quelques nostalgies de protection et de douceurs affectives.

● *S'il désespère de retrouver un ours égaré*, le rêveur saura qu'il est en état de manque affectif mais à un niveau instinctif.

● Il existe des «ours mal léchés» comme il y a des rêveurs mal réveillés. *Si un tel ours grognon et hargneux apparaît dans le rêve*, le rêveur saura que des instincts teigneux et agressifs risquent de lui jouer des tours s'il ne les maîtrise pas.

● *Un bel ours fort soyeux, aux bons gros yeux attendrissants* indique au rêveur que de profondes et puissantes énergies inconscientes s'agitent en lui. Il n'y a pas, dans ce cas, de messages particuliers, mais l'indication d'une résurgence, chez le rêveur, de ses instincts premiers et l'annonce de «quelque chose d'important et de fondamental» dans son évolution.

Outils

Les ustensiles de travail parlent deux fois : par leur symbolisme de forme et par leur utilité. Il est évident qu'un cordonnier puisse rêver de ses outils s'il a un problème de travail, comme un jardinier rêvera de son arrosoir s'il est préoccupé par une sécheresse persistante.

Par contre, se servir des formes, pour le théâtre des rêves, est un moyen élégant d'évoquer des soucis sexuels*. En effet, certains outils sont évocateurs du sexe masculin par leur aspect rigide, aigu, long et aggressif tandis que d'autres illustrent le sexe féminin par leur aspect creux, arrondi et doux au toucher.

● L'outil du rêve, qu'il soit mâle ou femelle (à l'instar des fiches électriques) *s'il est manipulé par la main* du rêveur*, apporte un autre message : celui qu'une action du rêveur, à base de courage, de compétence et de conscience professionnelle est nécessaire pour que des fins utiles soient atteintes.

● *Lorsqu'un rêveur range, astique, aiguise des outils*, le conseil lui est donné de prendre soin de ses «outils personnels», soit ses possibilités et ses capacités.

D'autre part, comme l'outil du rêve n'est jamais qu'un moyen, comme la machine*, la pelle et la voiture et non un but, le rêve invite le rêveur à méditer sur les meilleures utilisations de ses outils symboliques, étant entendu qu'il ne doit pas non plus *se tromper d'instruments*, soit coudre avec une bêche, maçonner avec un peigne, peindre avec une truelle... Ces constatations, dans leurs résonnances sexuelles, indiqueraient alors au rêveur qu'il se trompe de destination ou commet des erreurs de comportement dans ses attitudes affectives et sensuelles. A lui de modifier la manière dont il fait usage de ses outils-attributs afin de n'être ni inconvenant ni malhabile.

Pain

Le blé a besoin de la main du boulanger et du feu de son four pour devenir pain et le symbolisme du rêve de pain se trouve dans cette phrase.

● *Lorsqu'un rêveur mange un pain croustillant, croquant, tout chaud sorti du four*, le message est à l'optimisme puisqu'il a réussi, selon l'imagerie du théâtre des rêves, à mettre efficacement «la main à la pâte» et à réaliser des créations «comestibles» avec les substances qu'il possède à l'état brut.

● Inversement, *s'il est en possession de pain rassis ou dur*, il doit se poser la question «Qu'ai-je fait de mes capacités — mes mains* — et des substances actives que l'on m'a données — le blé —?»

● Est-ce un hasard si l'expression «pain de vie» a été créée pour parler d'amour* et de foi! Parfois des formes sont choisies par l'inconscient pour suggérer que la sexualité* du rêveur a des exigences. Ainsi, *la baguette et la flûte* évoque la sexualité masculine tandis que *le pain rond et les gros pains de campagne*, confortables et mousseux, ont une analogie avec la sexualité féminine.

● *Lorsqu'un rêveur a du «pain sur la planche»*, le rêve le rassure quant à ses ressources; il ne manquera ni de possibilités, ni d'énergies, ni de capacités pour progresser dans sa vie mais encore faudra-t-il qu'il ait le courage et la patience que l'on aime trouver chez les boulangers.

Panne

Lorsque les hommes de la marine à voile veulent arrêter leur bateau* ils «boutent vent en panne» ce qui est une autre manière de stopper les machines et de rester immobile en attendant un moment favorable.

● *Lorsqu'un rêveur est en panne avec un véhicule* qui refuse de démarrer ou qui a un pneu dégonflé, le message est évident : il est immobilisé par des circonstances ou des sentiments qu'il doit apprendre à connaître.

Peut-être est-ce un amour* avarié, un projet enrayé. Et le rêve explique avec ses images d'un réalisme parfois brutal qu'il est inutile que le rêveur veuille progresser puisqu'il est immobilisé par des détériorations psychiques ou affectives.

● *Lorsqu'un dépanneur survient*, le premier message peu réjouissant de la panne est coloré d'espoir. La boîte à outils*, le cric, ou tout simplement un garage proche rassureront le rêveur que ses avaries ne sont que momentanées et que, bientôt, il pourra prendre un nouveau départ avec un psychisme, un cœur et un esprit remis à neuf.

Pantalon

Voir *boucle, ceinture.*

Papier

Que de papier dans les rêves : des missives ouvertes, cachetées, recommandées, aux feuilles d'examen en passant par les lettres d'amour* que l'on espère recevoir et que l'on voudrait écrire, jusqu'au bout de papier traînant sur une table, dans une poche... ! Il faut dans ce type de rêve observer le papier en tant que support des mots et des phrases mais aussi s'intéresser au libellé.

Les mots écrits sur les papiers du rêve ont une importance capitale car ce sont eux, plus que le bout de papier en question, à moins, bien entendu que le papier du rêve ait une consistance, une forme et une valeur spécifique, qui sont à comprendre. D'une manière générale, qui dit papier dit message ; soit message à donner, soit message à recevoir.

● *Lorsqu'un rêveur reçoit un papier blanc* alors qu'il attend un texte*, le message n'a pas besoin d'être lu entre les lignes : le rêveur ne doit attendre aucun conseil de personne, il est seul et libre devant ses responsabilités ; dans cette idée de non-écrit, le rêve lui donne « carte blanche ».

● *Un rêveur peut être amené à présenter des papiers d'identité* : le message est à la découverte de lui-même et il lui est conseillé d'apprendre à se connaître ;

S'il ne trouve pas son nom sur la carte d'identité, il doit réaliser qu'il est différent de ce qu'il pense être.

● *Dans les rêves de papiers entrent également les journaux, les papiers commerciaux, les papiers-détritus...* Le rêveur devra comprendre que le journal* lui donne des nouvelles de ses propres faits divers, que les papiers de commerce lui indiquent la valeur qu'il a réellement et que les papiers chiffonnés le préviennent qu'il n'est pas ou plus crédible, qu'il a tout dit et tout écrit dans sa vie et qu'il est temps pour lui de prendre la plume pour une nouvelle page de son existence qui, elle, ne sera ni froissée ni tachée, ni du genre brouillon.

Chaque indice, chaque détail, même anodin, doivent être retenus afin que les messages soient synthétisés : couleur du papier, mots et chiffres, ainsi que la manière dont ils sont communiqués et lus...

Papillon

Voir *chenille*.

Paralysie

Le rêveur ne souffre pas de sa paralysie, elle est plus morale que physique, plus abstraite que concrète, elle ressemble à un réveil après une anesthésie lorsque les gestes, les mots sont ralentis, ankylosés et imperceptiblement immobiles.

A l'occasion d'un tel songe, le rêveur devra comprendre que ses énergies sont diminuées, voire abolies, pour des motifs qu'il lui faudra découvrir. Les impossibilités d'agir et de fonctionner du rêve indiquent que des assouplissements dans le style de vie, de pensée ou d'amour du rêveur sont nécessaires.

Parapluie

Ce curieux objet, qui ressemble à l'ombrelle mais n'en possède pas la légèreté et les excuses ensoleillées, a une signification sexuelle*. Il peut, bien sûr, apparaître dans un rêve lorsque le temps de l'âme est pluvieux, maussade et noir comme un ciel d'orage, mais sa forme pointue, rigide, ses toiles baleinées s'ouvrant comme des ailes de chauve-souris ont quelque chose de mystérieusement bisexuel à la fois enveloppant et féminin, agressif et phallique ; d'où la supposition que des problèmes de sexualité ambigus abîment le psychisme du rêveur.

Parasite

Toutes les bestioles qui se nourrissent aux dépens d'organismes vivants, qui gratouillent, irritent et souvent répugnent, expliquent parfaitement au rêveur qui en souffre ou qui les voit évoluer, que des gênes, des superflus et autres cafards perturbateurs sont à supprimer.

Le rêveur apprendra qu'il vit avec des sentiments-sangsues et des idées-punaises. Heureusement, des désinfectants sont parfois proposés et le rêve est alors, en un deuxième temps, à l'espoir

Passeport

Dès que cette pièce administrative, policière et douanière est donnée à un rêveur, celui-ci sait qu'il pourra voyager librement et atteindre le port que son inconscient réclame.

La vie psychique est à l'image de l'existence terrestre, hérissée de difficultés, de démarches et de permis de toutes sortes. C'est pourquoi, lorsqu'un sauf-conduit, un passeport ou un certificat de passage apparaît, le message est à l'espoir, le rêveur apprenant que ses moments d'esclavage et de blocage sont terminés.

Peau

La peau du rêveur est en contact avec les éléments extérieurs ; elle a une fonction de protection contre tous les chocs, les frottements et les intempéries de la vie, exactement comme l'épiderme du corps.

● *Lorsque la peau du rêve a des boutons ou des égratignures*, le rêveur doit savoir qu'il « doit faire peau neuve », modifier ses comportements vis-à-vis de son entourage et également s'apprêter à une mue psychique.

● *Lorsqu'un rêveur « se sent bien dans sa peau »*, le message est merveilleusement explicite ; cette locution est tellement parlante qu'elle est passée dans un langage que tout le monde connaît puisque le ressentant en ses corps et âme.

● Il est enrichissant pour un rêveur *d'être « dans la peau de quelqu'un d'autre »*. Le message peut être pittoresque à découvrir si le rêveur veut bien se donner la peine de regarder attentivement dans la peau de quel personnage il se trouve. Est-ce un mendiant ou un général, un homme d'affaires ou une femme de mauvaise vie : ce sens profond du rêve sera expliqué par la position, le style, la fonction et la valeur du personnage dont la peau symbolique est empruntée.

Peigne

Le peigne n'est pas que cet ustensible à dents fines qui sert à démêler et à lisser les poils, il est pour le rêve « un dédale qui délabyrinthe » les pensées et les sentiments du rêveur. Monsieur de Somaize, en écrivant, vers 1660, *La Clef de la Langue des Ruelles* (ou mieux *Le Dictionnaire des Précieuses*), ne se doutait certes pas qu'il faisait de la psychologie des rêves en définissant ainsi le mot peigne ! Et pourtant, le peigne du rêve conseille bien au rêveur de démêler, nettoyer et soigner les écheveaux trop embrouillés de tout ce qu'il a dans la tête*, et non sur la tête !

Père

Quand le père d'un rêveur apparaît, il y a bien entendu une explication affective puisque le père est « l'auteur de nos jours », celui qui a donné naissance. Mais l'image du père possède également un puissant symbolisme ; elle fait naître des sentiments inconscients de possession et de domination.

Le rôle d'un père est d'éduquer, il est la conscience de

l'enfant et possède des qualités idéales de droiture, de franchise, d'expérience et de connaissance. C'est pourquoi, lorsqu'un rêveur voit son père en songe même si celui-ci a disparu, il reçoit un message important. Des indications essentielles sur son comportement psychique lui sont formulées.

● *Si le père du rêve est souriant, détendu*, s'il semble donner des conseils précieux, le rêveur doit comprendre qu'il est protégé par une puissance active et créatrice qu'il possède en lui-même, à l'instar d'un père médiateur entre des inquiétudes de ne pas être capable de s'assumer et des enthousiasmes par trop excessives.

Et le père du rêve est là comme l'a peut-être été le vrai père, et surtout comme le sont les pères idéaux, pour conseiller, prendre la main, faire en sorte que le rêveur, d'enfant devienne adulte.

Marguerite Yourcenar fait dire à son héros Electre : «On choisit son père plus souvent qu'on ne pense.» Il semble que le rêve applique cette pensée dans son désir de montrer au rêveur l'image d'un père qui lui ressemble comme deux gouttes d'eau. C'est ainsi que le rêveur obtiendra des messages sur son devenir en regardant vivre et en écoutant le personnage-père de son rêve.

Il n'est pas impossible que le père soit là pour apprendre à son fils ou sa fille à être plus heureux qu'il ne l'a été lui-même et qu'il leur faut soit lui ressembler, soit au contraire, ne pas rechercher une paternité qui ne se justifie pas aux yeux de l'inconscient.

Perle

Sait-on que la perle est une maladie de l'huître ! Et pourtant, elle est symbole de pureté, d'eau* originelle, de perfection et de purification. Elle sert à parer, à avouer une virginité de sentiments et un absolu amoureux.

● *Lorsqu'un collier de perles apparaît dans un rêve*, qu'une larme cristalline est offerte au rêveur, le message est l'un des plus beaux du répertoire des rêves.

Il indique au rêveur qu'il est sur le chemin de son individuation et qu'il a sécrété tout le long de ses inquiétudes, de ses réflexions et de ses souffrances psychologiques, des «concrétions» psychiquement pures. Le rêveur est informé qu'il s'est «accompli».

● *Lorsque les perles du rêve apparaissent dans des ambiances qui sentent le luxe et l'étalage,* l'avertissement est tout autre *surtout si ces perles sont fausses* : le rêveur est alors informé que ses comportements, son style de penser et d'aimer sont par trop suffisants et le conseil lui est ainsi donné de moins jouer au «m'as-tu-vu».

Personnages : homme-femme

Il y a et il y aura toujours un homme dans les rêves des femmes et une femme dans les rêves des hommes. S'ils n'apparaissaient pas, il y aurait d'ailleurs dilemme et problème quant au comportement physique, sexuel et mental du rêveur. En effet, une société uniquement composée d'hommes ou de femmes comme, par exemple, celle des Amazones, est peut-être un rêve de femme souveraine mais surtout une utopie biologique.

● *Lorsqu'une personne du sexe opposé au rêveur se détache sur la scène du rêve*, plusieurs réponses peuvent être retenues. Qui est la personne en question? Quel est le lien de parenté et d'affectivité? Quel est son rôle, sa fonction, voire même sa profession? Et la personne mise en éclairage doit alors présenter son curriculum vitae afin que le rêveur puisse la situer dans les contextes de son existence, de ses espérances et de ses inquiétudes.

Si la coloration du rêve est affective, le personnage du rêve sera auréolé de tendresse et de sourires interrogatifs; il se dégagera de toute sa personne une sorte d'aura charnelle. Le rêveur saura alors que son esprit en avance sur son corps est déjà prisonnier de quelque sentiment amoureux diffus, encore mal défini. Est-ce réellement la personne du rêveur ou celle-ci n'est-elle qu'une excuse pour indiquer au rêveur qu'il est en état de manque amoureux, autrement dit qu'il est déjà amoureux mais sans savoir de qui !

Une belle histoire d'amour* est annoncée par ce type de rêve mais selon la logique magique du rêve ce ne sera pas toujours avec la personne visualisée et connue qu'elle aura lieu, ce qui est parfois fort nostalgique pour le rêveur.

● *L'homme et la femme du rêve peuvent être une image du père* et de la mère* du rêveur.* Le contexte du songe permettra de mieux cadrer ces deux personnages dans la phrase du rêve. Il est certain que les père et mère sont des symboles essentiels et que, lorsqu'ils apparaissent, les messages concernent les racines du rêveur. C'est pourquoi les paragraphes analysant les mots « père » et « mère » sont à considérer avec une attention première.

● *Des hommes et des femmes inconnus ou encore méconnus qui passent et repassent dans le décor du rêve* donnent peu d'enseignements précis ; ils meublent le rêve et donnent le ton des « relations publiques » et des possibilités de communication du rêveur. Les figurants précisent si le rêveur est isolé ou non et l'intérêt ou l'indifférence dont il fait montre quant au monde qui l'entoure.

● *Les rencontres du rêve avec des personnages ayant une position dite élevée* socialement, financièrement, politiquement, familialement... annoncent une progression dans la vie du rêveur si l'ambiance du rêve est harmonieuse.

Selon les qualités et les titres de la personne du rêve, il est possible de déterminer quel est le plan concerné. Par exemple, un dialogue avec le ministre des finances, si celui-ci est souriant, est certainement un message de secours et de protection. Le rêve joue alors un rôle de médiateur rassurant.

Photo

Les rêveurs d'avant la photographie avaient des peintures, des images et des hiéroglyphes pour expliquer les messages de leur inconscient.

Les photographies du rêve ont des messages identiques avec, cependant, pour les rêves de photos, des idées d'instantanés, de chambre noire et de techniques photographiques, telles les mises au point, les prismes et temps de pose. Et c'est à ce niveau que les messages des photos seront plus instructifs.

C'est ainsi que *des photos jaunies* indiqueront que les rapports du rêveur avec la personne du cliché ont vieilli et que *des photos mal contrastées où le noir domine* signaleront que les rapports du rêveur sont eux aussi obscurcis.

● *Lorsqu'un rêveur regarde un album de photos*, peut-être dialogue-t-il en secret avec les personnages* de l'album ; mais pour quoi faire ? Peut-être se revoit-il enfant* ou a-t-il des regrets de cette époque, peut-être se voit-il à son mariage* alors qu'il ou qu'elle est toujours célibataire... !

Et le rêve sert alors de compensation à des sentiments d'infériorité et à des mélancolies en noir et blanc.

Pied

Voir *amputation*.

Pierre

Voir *champ, jardin.*

Pierres précieuses

Des pierres précieuses peuvent apparaître en rêve, surtout lorsque le rêveur n'en possède pas : quelle merveilleuse consolation! Mais surtout elles expliquent en un langage symbolique la transmutation de la matière brute, opaque et informe en un état translucide. C'est ainsi que les pierres précieuses des rêves indiquent que le psychisme du rêveur passe des ténèbres de l'inconscience à la lumière de la connaissance.

● Chaque pierre possède une interprétation personnelle qui se superpose à l'idée de passage d'un état d'imperfection à celui d'une perfection psychique.

Ce sont notamment les couleurs des pierres qui permettront de compléter les message;

Un rubis suggèrera la passion et l'amour; *l'émeraude*, la fertilité et l'espoir; *la turquoise*, la victoire sur soi-même, *l'améthyste*, la sagesse et la philosophie; *l'opale*, l'infidélité.

● *Lorsqu'un rêveur se trouve couvert de pierreries*, le message est au manque de pudeur, à l'exhibitionnisme de ses sentiments et à l'ostentation. Le rêveur doit méditer cette pensée de Gide : «Le plus précieux de nous-même est ce qui reste informulé.».

Pluie

L'eau qui tombe du ciel* en gouttes, en crachin, en torrent possède quelque substance divine. Ce n'est plus l'eau désaltérante des fontaines ou l'eau salée des océans mais l'eau qui chante sur les toits et qui permet à la végétation de croître.

● *Lorsqu'une pluie agréable tombe*, donnant au rêveur une impression de fraîcheur souriante et de bien-être, le message est à l'espérance.

Elle annonce au rêveur un rafraîchissement de son psychisme trop altéré par des inquiétudes ou désséché par des sentiments rassis.

● Par contre, *s'il bouillasse et pleuvasse* et que le rêveur se sent mal à l'aise et trempé jusqu'aux os, l'annonce du rêve est pessimiste.

Il pleut sur le psychisme du rêveur comme il pleut sur la ville du rêve. Il crachine réellement sur le « vide de tout » comme le dit le poète Milosz et le rêveur doit chercher à comprendre pourquoi son temps psychique est à la pluie. Il doit se protéger par des parapluies* symboliques et enfin attendre une accalmie et le retour du soleil* puisqu'il est évident qu'il ne pleuvra pas toujours tant dans l'existence que dans le cœur du rêveur.

Plume

Voir *aile*.

Poids

Voir *balance, bras, métal*.

Poisson

Il est rare qu'un rêveur se voie poisson même s'il « est heureux comme un poisson dans l'eau », de la même manière d'ailleurs qu'il se voit rarement oiseau même s'il a des ailes! Par contre, il peut être en contact avec de multiples sortes de poissons : ceux de l'étalage d'un marchand, ou d'un pêcheur à la ligne, ceux d'une ménagère ou d'un aquarium.

Les poissons du rêve indiquent que l'inconscient a quelque chose à dire. L'eau* et le poisson sont mariés de la même manière que l'inconscient du rêveur l'est avec ses fantasmes et ses sentiments qui sont comme autant de poissons des grandes profondeurs. C'est pourquoi les poissons du rêve, après qu'ils soient replacés dans leur famille, leur type, leur couleur.. qui nuancent l'interprétation, ont eux aussi des messages «en profondeur» à donner au rêveur.

● *Un rêveur qui pêche un poisson* doit comprendre qu'il a en lui des «inconsciences» à attraper et à définir.

● *S'il voit des poissons d'origine antédiluvienne évoluer sans agressivité*, le message est exceptionnel car il indique au rêveur que des forces premières, inconsistantes comme l'eau des océans mais en puissance de créations originelles sont en train de se réveiller en lui. Le rêve est alors fort bénéfique puisqu'il fait espérer de puissantes énergies psychiques, imbibées d'inconscient collectif.

Policier

Voir *guide, labyrinthe.*

Pomme

Voir *fruit, nourriture.*

Pont

Tous les rêveurs ont, une nuit ou l'autre, trouvé un pont dans leur songe et heureux ceux qui peuvent le franchir sans crainte car ils accéderont à un meilleur royaume que celui où ils se trouvent au moment de leur rêve.

Le pont du rêve visualise symboliquement la possibilité de quitter un endroit où le rêveur n'a plus rien à faire, à vivre ou à aimer pour un autre monde qui, selon la logique du théâtre du rêve, sera à connaître. Or, il n'est pas évident que ce passage se fasse dans la facilité !

● *Lorsqu'un rêveur se voit au pied d'un pont branlant enjambant un précipice sans fond*, le message est à l'attente ; le rêveur est informé que le moment n'est pas favorable pour passer d'un type de vie à un autre.

● *Si un péage est demandé pour franchir le pont*, le rêveur saura qu'il devra consentir à des dépenses d'énergies pour changer de vie.

● *Il peut être proposé au rêveur un pont provisoire* : le présage n'est pas entièrement favorable ; il parle d'espoir mais aussi de temporaire. Le rêveur doit accepter l'idée qu'il pourra franchir certains obstacles* qui gênent son évolution mais que d'autres l'attendront ultérieurement.

● *Si le rêveur est séparé d'une personne connue ou inconnue par un pont, au tablier cassé, sans garde-fou ni parapet solide,* l'avertissement est simple : les communications sont momentanément rompues entre lui et « l'autre », celui ou celle qui se trouve de l'autre côté du pont.

Quant aux motifs des manques de liaisons, le rêveur aura à les trouver en assemblant les autres pièces du puzzle du rêve : peut-être sont-ce des relations affectives avec un être aimé qui sont coupées ?

Il n'est pas impossible, *si le rêveur se voit lui-même de l'autre côté du pont*, que les détériorations soient en lui-même.

● *Un pont superbe d'arceaux, de pierres taillées, rassurant* comme le «pont aux ânes de logique» de Rabelais, peut apparaître dans un rêve ; il conseillera au rêveur de «sauter le pas» entre deux situations, deux états affectifs ou professionnels, personnels ou sociaux.

Porte

Il y a toujours quelque chose derrière les portes du rêve et ce n'est pas parce qu'elles sont fermées que la désespérance doit s'installer. Pour le théâtre des rêves, une porte n'est jamais qu'un accessoire qui, même lorsqu'elle est fermée à double tour, s'ouvre toujours sur des mondes nouveaux.

La porte du rêve rejoint le symbolisme du pont* ; elle est un lieu de passage, un seuil* entre deux états, deux situations, deux moments et le but des rêves est d'enseigner au rêveur, selon la formule de Shakespeare que cette porte peut «être ouverte ou fermée».

● *Si elle est ouverte*, le rêveur peut être rassuré : le message est à l'espérance puisque le passage est libre et que l'entrée dans la nouvelle pièce ou le nouveau monde est visualisé comme étant possible.

● *Si la porte du rêve est étroite*, le conseil du rêve est biblique : il indique au rêveur que des efforts lui sont demandés pour changer de «dimension» afin de pouvoir pénétrer dans son paradis. Et le rêve, avec ce type d'image, peut, en plus de jouer au prophète, donner au rêveur des idées de sagesse et de modestie.

● *Lorsque la porte du rêve ne s'ouvre pas*, que les clés* sont perdues ou que l'huisserie est bloquée, le conseil est donné au rêveur de faire halte avec ses projets, ses enthousiasmes et ses ambitions car la route conduisant vers sa nouvelle orientation n'est pas encore praticable.

Mais il n'est pas impossible que le rêveur reçoive,

après ses premières images pleines d'inquiétude, un nouveau message d'espoir, lorsque par exemple, *des clés lui sont apportées* ou qu'un ouvrier vient graisser et réparer les gonds ou qu'enfin la porte s'ouvre.

● *Il peut arriver que la porte du rêve ne s'ouvre pas vers l'extérieur mais vers d'autres couloirs intérieurs,* d'autres pièces elles-mêmes fermées à clef. Le rêveur doit alors comprendre qu'il se trouve prisonnier* d'idées ou de sentiments obsédants et verrouillants ; le conseil est alors à la découverte de tout ce qui empêche l'accès à une nouvelle situation plus aérée, de tout ce qui condamne et cadenasse ses libertés, notamment psychiques.

● Lorsque le contexte du rêve s'y prête, la porte du rêve peut avoir une signification sexuelle*, ainsi *une porte « défoncée »* (on parle bien d'une violation de domicile !). C'est au rêveur de replacer le rêve en fonction de ses inquiétudes et de ses préoccupations du moment.

Chaque image-adjectif doit être utilisée afin de recomposer la phrase du rêve. *Si la porte est grande ouverte, entrouverte,ou dans une encoignure...*, ces détails visualisent des soucis et des humeurs sexuels.

Un paillasson déposé à l'entrée peut inviter le rêveur à faire acte de propreté affective et mentale.

S'il écoute aux portes, le message est aux dangers de voyeurisme.

S'il frappe à la porte timidement, en espérant être entendu, l'annonce est par contre au manque d'initiative.

Poteaux

Voir *guide*.

Poupée

Voir *aiguille, jeu.*

Poussière

Voir *balai, cave, couverture, démolition, livre, manteau, nourriture.*

Précipice

Voir *abîmes, chemin, pont, saut.*

Prêtre

Voir *agneau.*

Prière

Voir *cloche, croix, église.*

Printemps

Le printemps du rêve est comme son hirondelle, il donne un message de bonheur fugace, de nouvelles tendresses, de nouveaux bourgeons d'activité, mais sur un fond de provisoire.

L'optimisme est au rendez-vous car le rêve annonce qu'une foule de choses vont verdoyer dans le psychisme du rêveur, comme un printemps, comme une tranche de vie, colorée, parfumée, teintée d'espoir et de fraîcheur.

De plus, lorsqu'un rêveur apprend que «*c'est le printemps*», le conseil lui est donné de préparer son été, il doit réfléchir aux œuvres et aux sentiments qui mûriront un peu plus tard quand ce sera la saison «d'après le printemps».

Prison

Un rêveur qui se trouve détenu, et qu'importe le lieu : une prison, une pièce fermée à clé*, un cercle* magique, vit un moment d'angoisse profonde. Pourquoi est-il ainsi embastillé, sous écrou et encagé? Voici une réponse parmi d'autres empruntée à Richard Cœur de Lion : «parce qu'il n'a plus ni amis ni parents». Et il est vrai qu'il faut comprendre que la prison du rêve est un symbole de bagne psychologique : elle indique au rêveur qu'il est seul avec lui-même et qu'il est interné par ses propres inquiétudes.

La prison du rêve est le signe d'une impuissance et d'une immobilité et le rêveur doit réfléchir aux causes de ses motifs d'emprisonnement : est-ce un amour* trop captivant, des sentiments privatifs de bon sens, des excès de logique et d'intolérance...

Le rêveur emprisonné se pose toujours une première question : suis-je enfermé pour longtemps et n'est-ce pas pour toujours? Et l'angoisse augmente au fur et à mesure que des refus de liberté provisoire sont communiqués ou que des hauts murs* sont vus à travers les barreaux. Le message sera à l'espérance *lorsque le rêveur trouve un bon avocat* ou se découvre des moyens de défense* : il lui est alors indiqué qu'il doit devenir son propre défenseur en fouillant dans ses mémoires, ses inconsciences afin de «connaître la vérité sur lui-même».

● *Lorsque les clés de la porte de la cellule apparaissent*, qu'un jugement est prévu, qu'un geôlier souriant tend un papier libérateur, le rêve est alors bénéfique : il informe le rêveur que les moments d'incarcération sont terminés et qu'il est de nouveau libre de penser, d'agir, d'aimer, de vivre comme bon lui semble et que son psychisme est désentravé de boulets symboliques, d'angoisses, de passions et d'idées frustrantes.

Procès

« Au sortir d'un procès, l'on est sage » écrit ironiquement et philosophiquement Jean de Baïf; voilà certainement le meilleur message que donne au rêveur un songe de procès.

Un tel rêve peut apparaître lorsque des préoccupations de procédure inquiètent un rêveur et les jugements rendus, les plaidoiries, les remises de peine ou les gains seront peut-être d'essence prémonitoire.

Mais le procès du rêve s'intéresse davantage à la culpabilité psychique du rêveur et tous les artifices de justice seront utilisés à la barre du tribunal* des rêves pour condamner ou absoudre le rêveur.

● *Si le rêveur est assis au banc des accusés*, il devra comprendre qu'il est coupable : est-ce d'avoir volé, truqué, menti quant à des sentiments? Est-ce de s'être compromis dans des situations où son âme s'est vendue?

● *Heureux le rêveur qui trouve un avocat* pour le défendre,* un magistrat qui lui pardonne; il saura alors qu'il guérira de ses problèmes de culpabilité.

Pour son inconscient, un rêveur n'est jamais innocent; il y a toujours une hésitation, un mot manqué, des gestes de son comportement qui avouent des fautes, des inquiétudes et des refoulements, et c'est pourquoi un rêve dans lequel interviennent des lits de justice et des procès sont à prendre au sérieux.

Le rêveur devra examiner avec attention les éléments du procès car ils lui indiqueront les motifs de ses malaises psychologiques et éventuellement de quelle manière il pourra être gracié de ses angoisses.

Professeur

Voir *guide.*

Puits

Le puits du rêve est un moyen vertical de communication comme le tunnel ou le couloir le sont mais à l'horizontale.

L'apparition d'un puits associe donc trois symboles : la terre* dans laquelle il est creusé, l'air* par son ouverture et l'eau* puisque telle est la destinée d'un puits. Le tout sur fond d'élévation souterraine et de jonction et communion entre ces trois éléments fondamentaux.

Lorsqu'un *puits apparaît* dans un rêve le message est essentiel pour le rêveur. L'image lui indique qu'il est prêt à comprendre les mystères des profondeurs de l'âme humaine, la sienne et celle des autres. Il est sur la route d'une connaissance plus élevée, puisque débouchant dans des zones célestes, de tous les phénomènes et mécanismes qui gravitent dans son psychisme à l'instar des poulies, seaux et cordes du puits du rêve.

Le rêveur apprendra beaucoup de choses sur le contenu de son inconscient en observant l'eau du puits. Elle pourra être claire ou croupissante selon que son psychisme sera lui aussi limpide ou encombré d'éléments stagnants et microbiens.

● *Si des problèmes de refoulement d'eau apparaissent*, le conseil lui est donné de découvrir les censures, les résistances et les refus qui bloquent son évolution.

● *Lorsqu'un rêveur a peur de tomber dans le puits du rêve*, avec l'angoisse persistante de ne pas pouvoir remonter, le puits, symbole de sagesse, de source de vie et d'abondance devient alors objet de panique infinie. C'est pourquoi le rêve du puits recommande au rêveur de ne pas trop chercher quelque vérité absolue au fond de lui-même, de ne pas trop scruter son inconscient au risque de s'y perdre.

Le symbole du puits est également sexuel* : l'étui cylindrique, la présence de l'eau, l'humidité latente, les mystères de ses profondeurs, sont autant d'éléments qui suggèrent le sexe féminin. Aussi, lorsqu'un rêveur masculin, selon certaines ambiances du rêve, voit surgir dans les pénombres de son rêve un puits-femme, il lui appartient de méditer sur les fantasmes de sa sexualité en attente d'une eau rafraîchissante.

Punition

Voir *école*.

Putréfaction

Lorsqu'il «sent mauvais» en rêve, une décomposition est annoncée. Il peut s'agir de sentiments qui sont morts* depuis quelque temps et que le rêveur s'obstine à vouloir considérer comme vivants. Ce peut être également des idées obsédantes qui n'en finissent pas de pourrir. Le conseil est alors à la purification et au nettoyage; il faut que le rêveur vide ses poubelles remplies de rebuts qui empoissent son psychisme.

Mais cette réduction des matières qui furent vivantes et qui sont devenues «çendre et poudre» comme le chante Villon, annonce une renaissance; en effet, ce sont bien toutes ces substances fermentant de décomposition qui servent de meilleur engrais et il est dit que les plus belles des fleurs, les orchidées, trouvent leur content sur les tas de fumier.

Quai

Voir *bagage.*

Rame

Voir *bâteau.*

Rat

Le rat du rêve est plus que la souris qui se contente de trottiner et de grignoter tout ce qui se trouve à portée de ses incisives.

● *La souris* annonce des petits tracas, des petits vols à la tire que le psychisme commet sans en avoir l'air.

● *Le rat* est, lui, vampirisant : il présage que l'âme du rêveur est rongée par des inquiétudes lancinantes. Et le conseil est alors de surveiller les « trous » que font ces rats clandestins et porteurs de maladies* pour le psychisme du malheureux rêveur.

Religieux

Malgré le désintérêt du rêveur pour les choses religieuses, son incroyance et son athéisme, le rêve usera de personnages et de pratiques religieuses pour lui indiquer qu'il est temps pour lui « d'entrer en religion ». Il faut bien sûr gommer de cette formule les interprétations uniquement religieuses ou concernant un culte défini, pour l'aérer et la décupler par d'humbles et tolérants commentaires psychologiques car d'une manière générale, la religion du rêve est débarrassée d'une foi trop dogmatique.

C'est l'âme du rêveur qui se trouve concernée lors de tels songes mais le théâtre des rêves, en utilisant l'arsenal des religions, n'en choisit aucune particulièrement. En effet, les symboles d'une foi et d'une conversion sont fabriqués aussi bien avec les dogmes et pratiques des religions mythologiques, primitives et fétichistes qu'avec ceux des croyances celtiques et monothéistes comme le judaïsme, le christianisme et l'islamisme.

● *Lorsqu'un rêveur se trouve par la grâce d'un songe en contact avec des hommes d'église**, le message est au recueillement, à la confession et à l'adoption d'une vie monacale.

Il ne s'agit pas, bien entendu, pour le rêveur, d'entrer dans les ordres et de se revêtir d'une robe de bure mais de se confesser à lui-même ses péchés véniels ou mortels notamment moraux et affectifs afin d'acquérir une sorte d'état de grâce psychique ; ce travail d'exploration ressemble fort à une psychanalyse ce qui est le but suprême des scénarios du théâtre des rêves.

● *Lorsqu'un rêveur entend de « bonnes paroles »*, en suivant une procession par exemple, le message est plein d'espoir. Il faut noter que cette démarche pieuse est particulièrement surprenante pour un rêveur qui n'a jamais été intéressé par quelque culte que ce soit ; mais là se trouve la preuve que l'histoire des religions se trouve programmée dans l'inconscient collectif du rêveur.

Respiration

Le psychisme semble posséder un rythme respiratoire qui ressemble fort aux respirations pulmonaires et cellulaires avec ses aisances, ses dyspnées, ses oppressions et ses suffocations.

● *Un rêveur qui se trouve aux prises avec une crise*

d'asthme, qui souffre d'une respiration difficile, reçoit un message éloquent en ce qui concerne l'oxygénation de son psychisme. Pourquoi manque-t-il de souffle? Est-ce à la suite d'idées trop encombrantes ou est-il prisonnier de sentiments asphyxiants?

● *Si le rêveur a le souffle court*, s'il est poussif, le conseil est de vérifier ce qui, dans sa vie, l'empêche de réaliser des échanges harmonieux. Il y a donc dans ce type de rêve une idée d'embarras et de contraintes que le rêveur doit traiter aussi bien dans ses communications avec autrui que dans les dialogues avec lui-même.

● *Lorsqu'un rêveur a la gorge sèche*, qu'il a des difficultés à avaler et à déglutir, l'avertissement est plus précis. Le rêveur doit comprendre que «quelque chose ne passe pas». Il peut s'agir de sentiments amoureux que l'inconscient refuse pour des motifs à analyser; peut-être sont-ils tellement comprimants que le rêveur se trouve bloqué dans son évolution.

Ces rêves étant significatifs d'angoisses réelles, de serrements de cœur et de crispations nerveuses, les messages, sont à prendre au sérieux car il y a, indépendamment du langage symbolique du rêve, des souffrances physiques à prévoir.

Retard

Les inquiétudes d'arriver en retard, la désagréable impression de se trouver sur un quai de gare alors que le train qui devait être pris a disparu, ces incidents se présentent dans un rêve lorsque quelque chose est «à la traîne» chez le rêveur. L'avertissement indique des excès de lenteur qui sous-développent la progression des sentiments, des ambitions et des initiatives.

Il faut comprendre que les buts du rêve sont de faire naître chez le rêveur le besoin d'analyser les empêchements de partir et d'arriver ou de faire cadrer le moment fixé ou prévu et le moment de présence afin, qu'en un deuxième temps, il puisse mieux prévoir son emploi du temps.

Les horloges qui fonctionnent mal, les voitures qui ne démarrent pas, les paquets trop lourds, les paresses de se lever* pourront être assimilés comme autant de gestes manqués justifiant des inquiétudes.

Lorsqu'un événement, une situation, un objet ou un personnage semblent être le grand responsable des retards du rêve, le rêveur doit axer ses recherches sur ce point précis, en n'excluant pas que les «autres», ceux qui rentrent dans le scénario du rêve, peuvent fort bien être les pieuses excuses d'un refus inconscient de faire, de dire ou d'aimer. Il y a alors un phénomène de refoulement à décortiquer.

D'autre part, une superposition peut se produire entre l'inquiétude d'être en retard et une angoisse de ne pas pouvoir faire les efforts même physiques pour éviter ce retard; il y a dans ce cas une aggravation des problèmes de progression et de réalisation, aggravation due peut-être à des déficiences physiques.

Le rêve peut également, dans sa connaissance de ce qu'il y a de meilleur pour la vie psychique et affective du rêveur, visualiser un retard afin que le rêveur comprenne qu'il doit effectivement arriver en retard à ce rendez-vous symbolique. Le retard du rêve permet alors d'éviter des communications ou des rencontres qui pourraient être inopportunes et préjudiciables pour l'équilibre et le bonheur du rêveur; l'incident d'un train manqué n'est plus alors un retard traumatisant mais un conseil d'encouragement, plein d'espérance.

Rêve

Lorsqu'un rêveur se sent ou se voit rêver, et ce phénomène n'est pas extraordinaire pour la logique onirique, deux messages sont disponibles.

Rêver est, pour certains, oublier le temps pesant, avec

ses matérialités, ses angoisses et ses sentiments mal partagés. L'omniprésence du rêve permet alors au rêveur de vivre ses espérances, d'être ce qu'il voudrait être. Lorsqu'un rêveur est ainsi à l'ombre d'un grand et beau rêve, son utilité est à la décompression de trop grandes fatigues psychiques. Le rêveur rêve plutôt que d'agir et il rêve probablement parce qu'il ne peut pas agir.

La deuxième clé de ces songes de rêve est d'indiquer au rêveur qu'il rêve sa vie plutôt que de la vivre. A tous ceux qui se prélassent dans des songes creux et qui existent endormis dans leur confort ou leur misère, le théâtre des rêves usera d'un langage qu'ils comprennent bien : le rêve.

Curieusement, le rêveur sait parfois qu'il rêve ; il semble alors que l'inconscient et le conscient, lors de quelques bribes de rêve, soient parfaitement complices.

Robe

Voir *boucle*.

Rocher

Le rocher du rêve est sécurisant ; il est la masse solide et enracinée qui permettra au rêveur de s'accrocher afin de pouvoir reprendre des forces.

● *Lorsqu'un rêveur trouve un rocher après une course difficile*, le message est à l'espérance. Il indique que le rêveur saura se hisser au-dessus des difficultés de la vie et qu'il trouvera un havre stable.

● *S'il cherche dans son rêve un rocher dont il connaît l'existence mais dont il ignore l'emplacement*, le rêveur comprendra qu'il est temps pour lui de se stabiliser, d'être un « solide immobile » et non un « fragile mobile », mais que des efforts sont encore à faire avant d'y arriver.

● *Si des rochers dégringolent sans pour cela blesser le rêveur*, l'avertissement est à la patience et à la philosophie : il est temps pour le rêveur de changer de style de vie, de sentiments ou d'idées avant d'être écrasé sous le poids de quelque fatalité.

Roi

Voir *aigle, lion, manteau.*

Rose

Pour quelle raison le théâtre des rêves chante-t-il la rose ? Certes cette fleur* est toute beauté, tout parfum, toute couleur mais entre elle et le chou quelles sont les différences essentielles, si ce n'est que le chou est comestible.

Lorsqu'une rose apparaît dans un rêve elle est avant toute autre interprétation message d'amour*. « Une rose pour l'amante » écrit un poète. Et il est vrai qu'elle annonce au rêveur que ses rêves d'amour sont en passe de fleurir et que de tendres sentiments vont s'exhaler.

● *Lorsque la rose est protégée par ses épines* et que celles-ci, sans pour autant être menaçantes, cherchent cependant à faire peur, le conseil est à la prudence ; les sentiments amoureux que suggère le symbole de la rose ne sont pas, dans ce cas, exempts de dangers et les aiguillons d'une passion trop acérée risquent de provoquer des blessures.

● *Si les roses du rêve sont fanées*, le présage du rêve est au déssèchement ; le rêveur doit alors comprendre que sa vie de cœur est défraîchie et décolorée et qu'il est temps pour lui de jeter le bouquet qui fut beau.

Rosée

Dans la famille de l'eau, à côté des eaux* de pluie* nous trouvons la rosée que le poète latin Pline appelait «la sueur du ciel, la salive des astres».

Lorsqu'un rêve présente des perles d'eau à un rêveur, le message est tout de subtilité. Il y a l'indication que le psychisme a acquis une connaissance précieuse puisque des gouttes d'inconscient sont saisies par le «cérébral». L'addition de l'élément eau, symbole de l'inconscient, et de la pluie, symbole de ce qui vient d'en haut, suggère cette affirmation.

Mais il y a également la proposition que le rêveur doit se méfier de la fragilité et de l'apparence de ses sentiments et de ses idées, car rien, en effet, n'est plus éphémère qu'un univers de rosée. C'est pourquoi, lorsqu'un rêveur se trouve ému par des gouttes de rosée tremblantes dans la lumière, le présage, dans sa poésie, est fragile comme la beauté et le reflet de ces gouttes. Le rêveur saura qu'il est en communion avec quelque puissance céleste, entre autres la partie de son inconscient qui dirige son esprit, son imagination et son intuition, mais que ce contact privilégié sera fugace et trop porté à s'évaporer.

Roue

Les hommes préhistoriques d'avant-la-roue devaient déjà rêver de cercles* parfaits roulant sur la terre* et dans le ciel*, sans savoir qu'ils rêvaient de roue.

En effet, cette forme parfaite, active car mobile, solaire car à l'image de l'astre, utile car porteuse, est surtout une illustration du monde cosmique; tout tourne dans l'univers, y compris les êtres vivants installés sur leur planète et les plus petites cellules composant cet univers microscopique qu'est le corps de l'âme humaine.

Lorsqu'une roue apparaît dans un rêve, le message est à la progression et à la succession des événements, au cheminement des choses, des idées et des sentiments dans un bon sens de création. La roue du rêve est l'information d'un grand et beau changement, non seulement en ce qui concerne les plans quotidiens et matériels mais surtout pour l'équilibre et la paix intérieure du rêveur. La roue devient ainsi le signe d'un nirvana proche.

● *Lorsque les roues d'un véhicule grincent,* le message est différent : le rêve informe le rêveur que des obstacles psychiques, affectifs ou mentaux l'empêchent de «bien tourner» et son épanouissement s'en trouvera d'autant ralenti.

Rouge

Rouges sont les lueurs des incendies*, les fleurs* qui parlent de passions et de soleils* emprisonnés, le sang* des vivants, les vins* et les rubis.

Chacune de ces images possède les mêmes interprétations essentielles de feu*, de vie, de force; mais les degrés et les orientations sont différents car le bien et le mal, le symbolisme de la joie et de la douleur, se rejoignent dans cette couleur.

Lorsque la couleur rouge apparaît dans un rêve, le message est à la passion et à l'embrasement; mais cette idée de feu doit être mieux définie par l'observation des autres détails du rêve.

● *Le rêveur à qui est offerte une fleur rouge* doit savoir que des passions de préférence amoureuses couvent dans son cœur comme une braise. Selon la personne qui lui offre ce rouge-passion ou selon celle à qui il le présente, des noms et prénoms apparaîtront.

● *Si le ciel du rêve est sanglant*, d'un rouge-incendie, il y a l'avertissement de dangers; ils peuvent naître soit de fièvre passionnelle, soit d'inflammation psychique trop consumante.

● *Lorsqu'un foyer brûle sans que le rêveur soit angoissé,* avec des flammes d'un beau rouge, le message est à l'action, à l'intensité et à la force. C'est ainsi que, d'une manière universelle, lorsqu'un rêve rouge passe, le rêveur est assuré qu'un feu est en train de s'allumer quelque part en lui. Et il lui appartient de définir s'il s'agit d'un rouge de sang frais présageant des blessures à l'âme, d'un rouge pourpre annonçant des résultats royaux ou enfin d'un rouge cœur laissant pressentir un amour* passionné.

Routes

Voir *bagage, berger, croix, livre, porte, rue, terre.*

Rue

La rue du rêve est autre chose qu'une route ou qu'un chemin* qui sent la campagne et qui évoque un paisible contact avec la nature et une liberté non-surveillée.

La rue est bordée de maisons*, de constructions, de boutiques, elle a un nom écrit sur des plaques, des angles qui se croisent, des lampadaires et des immeubles numérotés. La rue est réellement le symbole de la vie urbaine, des gens anonymes qui passent de la ville* maçonnée et encadrée. On ne dit pas «être à la route» mais «être à la rue», lorsqu'il s'agit de stigmatiser la détresse et la misère et de montrer du doigt une personne sans domicile et sans ressources.

● *Les rues fréquentées pendant les premières années de la vie apparaissent souvent dans les rêves.* Elles sont parfois déformées ou abîmées. Ainsi, si le rêveur se retrouve dans une rue de son enfance, le conseil est à l'observation de ce qui s'y trouve et de ses ambiances ; quels sont les personnages qui s'y promènent, le genre de magasins, le temps qu'il fait et aussi le nom de la ville et des avenues.

● *Lorsque la rue est ensoleillée et que le rêveur est heureux de s'y trouver*, le rêve a pour but de lui rappeler des souvenirs heureux, une partie de lui demeurée adolescente donc en puissance de croissance.

● *Les rues du rêve peuvent être barrées* ou un gardien de la paix peut indiquer une déviation ; le rêveur doit alors comprendre que la route de sa vie matérielle, quotidienne, industrieuse et publique est momentanément arrêtée pour des raisons que d'autres détails du rêve expliqueront mieux.

Il pourra également s'agir de travaux qui ont ouvert la chaussée ou d'un attroupement pour un accident qui empêchent le rêveur de franchir le carrefour*.

● *Lorsque la rue du rêve est sombre, déserte* comme si elle sortait d'un roman policier où des ombres passent dangereuses et inconnues, le rêve insiste sur des dangers ; le rêveur doit surveiller ses allées et venues, ses rencontres et ses fréquentations car du flou et de la dissimulation co-existent dans ses contacts.

La ruelle sombre et en impasse peut illustrer les venelles et autres culs-de-sac dans lesquels l'inconscient se perd, se retrouve, disparaît, passe de l'ombre à la lumière dans une quête infinie de se trouver enfin.

S'il en est ainsi, le message du rêve est au savoir-faire psychologique ; il faut que le rêveur fasse comme le Petit Poucet du conte : semer ses cailloux tout le long de ses périgrénations psychiques afin de retrouver sa rue, son numéro, sa maison, symboles d'un Moi idéal.

Ruine

« Alors s'assit sur un monde en ruines une jeunesse soucieuse ». Musset explique en vers et en images poétiques ce que le rêve veut dire au rêveur lorsqu'il lui montre des murs brisés, des clôtures arrachées, des maisons*, des châteaux croulants, des arbres* foudroyés, des coques de bateaux pourrissant sur une grève...

Il y a dans un tel rêve un message de tristesse, de cassure et de rupture suivi immédiatement d'une promesse de vie nouvelle et de rajeunissement. Car ce type de rêve est en deux temps : le rêveur doit surtout s'intéresser à ce qui est en ruines en lui afin de ne pas se complaire plus avant dans des situations professionnelles, affectives et sociales délabrées, vétustes et quasi écroulées.

Mais, de la même manière que les oiseaux* et les plantes aiment les ruines, car ils peuvent s'y nicher et y croître, le rêveur saura que le château en ruines de son rêve, tout en visualisant une faillite ou un une décadence de sa réputation ou de sa santé, est une invitation à se faire l'architecte d'une reconstruction et d'une remise en état puisqu'il est connu que les ruines, dans leur silence et leur beauté sauvage, cachent toujours des trésors* enfouis.

Sable

Le grain de sable est plus précieux symboliquement que le désert* ou la plage qui en sont habités. Les grains, par leur multitude, leur mouvance et leur malléabilité sont angoissants. Il est impossible de les compter et lorsque les mains veulent les retenir ils s'échappent.

De plus, le sable est peu fiable. On dit bien «construire sur du sable» pour parler d'une entreprise incertaine et bâtie peu solidement.

● *Lorsqu'un rêveur marche sur un sable mouvant*, qu'il sent ses pieds* s'enfoncer dangereusement, le message est important pour l'équilibre de ses projets, de ses sentiments et aussi pour sa vie psychique.

«Il ne faut pas parler aux sables» conseille un poète latin et le rêveur doit réaliser, lors d'un tel songe, qu'il est en train, sans le savoir, de perdre son temps et ses efforts.

● *Lorsqu'un rêveur se sent bien au contact d'un sable chaud*, mœlleux et enveloppant, le message est plus sensuel; un besoin de sensations ou une préoccupation à haute dose érotique est signalée au rêveur; le corps du sable remplaçant dans l'imagerie du rêve celui d'un être aimé, désiré ou tout simplement souhaité.

● *Il peut arriver qu'un rêveur avance difficilement dans un sable pesant*. Il y a dans ce cas l'expression d'un ralentissement dans le rythme de vie du rêveur et une réflexion permettra de découvrir les motifs de ces retardement et engourdissement qui pourront être aussi bien de la fatigue physique que morale et psychique.

Salle de bains

Toutes les pièces de la maison* du rêve ont une valeur spécifique et une estimation qui correspondent à une composante corporelle, mentale et psychique de la personnalité du rêveur. Les salles d'eau et de bains, qui devaient, dans les rêves grecs et romains, être suppléées par des thermes et autres lieux d'eau, indiquent au rêveur qu'il est temps pour lui de se purifier et de se laver intimement de toutes impuretés; il doit «faire sa toilette», c'est-à-dire approprier ses instincts, ses inclinaisons, ses tendances et les débarrasser des poussières et des saletés qui les ternissent ainsi que rafraîchir son psychisme des fatigues qui peuvent le barbouiller.

La salle de bains du rêve est, avec le cabinet* de toilette, l'endroit où le rêveur est seul avec son corps, son visage; il se voit tel qu'il est réellement, déshabillé de tous les artifices que procurent les vêtements; il est nu avec sa nudité*.

● *Lorsqu'un rêveur est dans sa salle de bains à contempler son image fripée et ridée dans un miroir**, à constater son obésité et les faiblesses de son enveloppe charnelle, le message est à la prise de conscience que le rêveur doit faire peau neuve.

La salle de bains est, en un premier temps, en liaison avec la propreté de l'âme et du corps mais elle est également associée aux échanges sexuels*. Le contexte du rêve définira les parties du corps que le rêveur doit purifier et il est évident que si un éclairage est mis sur telle partie génitale, le message prend une orientation préférentielle.

● *Si le rêveur ne peut tourner les robinets des lavabos,* s'il ne trouve pas d'eau* ou que l'eau est polluée, l'indication du rêve est ambiguë ; il semble que le rêveur soit informé que les bons conseils que l'on pourrait lui donner ne sont pas aussi satisfaisants qu'il le pense et qu'en fait « les conseilleurs ne sont pas les payeurs », sans parler d'éventuelles difficultés à pouvoir mettre au propre ses affaires de cœur* et de tête.

● *Un manque d'eau* dans cet endroit de purification qu'est une salle de bains peut, en une image, signifier que les thérapies entreprises ne sont pas efficaces ou suffisantes.

Sang

Le sang du rêve est essentiellement l'énergie, non seulement physique mais aussi psychique du rêveur. Mais le sang associe à ces valeurs de vie une idée de feu*, d'ardeur et de courage : pour les hommes de guerre*, l'honneur ne se lave que dans le sang. Pour les gens qui se titrent et se noblent, il est bleu*, mais pour tout le monde, il reste rouge* et inquiétant lorsqu'il coule d'une blessure*.

● *Lorsqu'un rêveur voit son sang s'échapper,* le message est à une perte d'énergie, indépendamment d'un présage de blessure ou d'opération chirurgicale lorsque le rêveur peut les craindre.

● *Lorsqu'une transfusion de sang est proposée au rê-*

veur, la communication du rêve est pleine d'espoir puisque de nouvelles forces sont annoncées. Le rêveur saura qu'il bénéficiera d'une vigueur toute neuve et d'une force d'âme régénérée.

● *Si un rêveur constate qu'il a « du sang dans les veines »* il reçoit un message de potentialité. Encore faudra-t-il qu'il ne soit pas « de navet » ! Les images ne manquent pas pour le théâtre des rêves pour visualiser avec humour et réalisme la valeur de ce symbole d'ardeur et de passion.

● *Si un rêveur se voit échangeant une goutte de sang avec une personne*, il retrouve le cérémonial des « liens du sang » qui a pour but de lier corps et âme, jusqu'à la vie et la mort, en passant par l'amour* et l'amitié, deux êtres.

Saut

Associés à des images d'abîme*, de rochers, de ciel* et de précipice, les rêves de saut, de bond et de plongeon sont fascinants car ils associent l'angoisse d'une chute et la victoire de se retrouver vivant après-coup.

Lorsqu'un rêveur saute d'un point à un autre, et il peut s'agir de rochers infiniment hauts ou de supports infiniment bas, il effectue une démarche guerrière car tel est le symbole du saut : montrer que l'on saute mieux, plus haut, plus loin qu'un adversaire.

Le conseil est donc pour le rêveur d'apprendre à franchir les obstacles de l'existence à la manière d'un nouveau héros.

● *Lorsqu'un rêveur se sent prêt « à faire le grand saut »*, l'image est plutonienne ; elle invite le rêveur à préparer sa mort* non pas essentiellement corporelle mais aussi psychique.

● *Si le rêveur saute d'un pied sur l'autre*, d'un endroit à un autre, l'avertissement parle alors d'un manque de liaison dans les affections, le mental et le psychisme du rêveur ; le conseil lui est donné de ne plus jouer à cloche-pied et de rechercher une stabilité et le rêve insiste alors sur des tendances primesautières et saltimbanques.

Savant

Quelle autre meilleure illustration pour montrer que le rêveur doit se pencher sur ses problèmes avec tout le sérieux, le savoir et le scrupule d'un savant, que de lui montrer à l'occasion d'un rêve un homme de science attentif à ses cornues, ses calculs et ses expériences.

« Voilà ce que doit être votre attitude » dit le rêve et il fait apparaître un personnage que le rêveur sait érudit, sage et maître dans sa spécialité.

Le savant du rêve sera un personnage important pour l'évolution du rêveur car il lui posera des questions sur son à-venir plus qu'il ne donnera de réponses, si bien que ce sera au rêveur lui-même à de-venir savant.

Sceau

« Mettre le sceau à... » est une locution qui exprime un geste d'affirmation. Un rêveur qui imprime son sceau ou appose son tampon sur des documents du rêve doit comprendre qu'il lui faut signer ses actes, ses sentiments et ses opinions.

Il y a également une idée de secret et de cacheté dans un tel rêve ; d'où une possible ambiguité : s'affirmer est bien mais le faire en observant un noble silence est mieux.

C'est ainsi que d'une manière générale, lorsqu'un rêveur se voit en train de sceller des lettres, il doit apprendre la discrétion et s'exercer à ne pas faire de confidences qui se retourneraient contre lui.

Scène

Le théâtre des rêves se sert parfois de ses propres matériaux pour expliquer un état ou un sentiment. Ainsi lorsqu'un rêveur se trouve sur une scène de music-hall, de théâtre ou d'opéra, le message est sans ambiguité : il faut que le rêveur accepte de jouer son rôle, qu'il entre effectivement sur la scène de sa vie et qu'il ne se contente plus de coulisses ou de rester aux premières loges.

Il y a dans cette illustration une invitation à devenir en tout honneur «un rêveur de spectacle», soit quelqu'un qui connaisse ses répliques et n'ait pas peur de se montrer en public.

● *Il peut arriver que le rêveur oublie son rôle,* qu'il se trompe de personnage ou de théâtre, il y a dans ce cas un avertissement : le rêveur est inadapté à ses activités et aux situations qu'il veut assumer.

● *Si un rêveur se voit «en tête d'affiche»*, l'accent est mis soit sur un sentiment d'infériorité qui se trouve ainsi compensé, soit sur le présage qu'il peut devenir réellement un personnage «à la tête» de son entreprise et surtout de lui-même.

● *Le rêve peut insister sur un genre de spectacle* : classique, moderne, pièce à grand spectacle, vaudevilles... Le programme n'est jamais épuisé pour le théâtre des rêves et le rêveur doit additionner les significations symboliques.

*Si le spectacle parle d'amour**, le message aura une coloration affective ; *si la pièce claironne des chants guerriers*, il aura une interprétation plus agressive ; *si la représentation est à thèse psychologique*, le rêveur saura qu'il doit résoudre des problèmes qui fabriquent des inconnues et des énigmes dans son psychisme.

Sein

Les seins d'une femme sont pour le rêveur-homme un doux mélange d'érotisme, de tendresse, d'abandon et de nourriture tant terrestre que céleste sans que la sexualité* ne perde ses privilèges originels.

Lorsqu'un rêveur caresse des doigts ou des yeux une poitrine qui ne peut, dans son idéalisation affective, qu'être veloutée, disponible et parfaitement apaisante, le message est à la volupté ; il indique que le rêveur a soif de sensations amoureuses.

Mais sous-jacents se trouvent des beoins de protection, de « maternage » (comme on dit laitage), que le rêveur devra accepter comme une petite pause à un stade infantile et bien confortable, éventuellement pour reprendre des forces. Le sein n'est-il pas aussi le symbole du paradis parfait ?

Sel

L'histoire du sel est liée à celle de la vie et de la mort. Et le théâtre des rêves usera de cet accessoire pour indiquer au rêveur que ses énergies brutes sont en passe d'évaporation et que ne resteront que des quintessences purifiées.

Le message touche l'âme profonde du rêveur : il lui dit qu'une transformation psychique est en train de se faire et qu'il approche d'un point d'équilibre « incorruptible », puisque le sel, après ses mutations chimiques, ne peut plus être autre chose que du sel.

● *Lorsque le rêveur sent une amertume par trop salée sur ses lèvres,* le message est à la découverte de sentiments saumâtres qui peuvent venir de son entourage, de chagrins et de dépits ; ce n'est pas un hasard que les larmes soient salées !

● *Lorsqu'un rêveur a sous les yeux une étendue stérile,*

blanchie par des traînées de sel, au sol craquelé de sécheresse, le message est à l'infertilité. Son psychisme, le sel de son être, est alors trop brûlé par des soleils intérieurs qui le consument plutôt que de l'éclairer et le chauffer.

Serpent

Les reptiles qui grouillent, serpentent, dardent et se nouent dans les rêves sont des trésors de symboles. Ils sont tellement vieux dans le monde animal, ils viennent de si loin dans le temps, qu'ils ressemblent à ces monstres préhistoriques des siècles antédiluviens à qui ont été coupés les pattes, les plumes et les poils pour ne conserver que l'essentiel : une ligne vivante, droite ou courbe, qui se fait même cercle* parfait en mordant sa queue.

Souple et féminin par ses guirlandes, phallique et virulent par ses venins, ses langues en fourche et ses aggressions, le serpent est la forme première toute de sexualité*. Il est à la fois homme et femme, symbole de vie et de sexualité, de mort et de transformation. C'est pourquoi, chaque apparition d'un serpent dans un rêve doit être analysée avec une attention extrême.

● *Lorsqu'un serpent glisse silencieusement sur le sol sans être menaçant*, le rêveur doit comprendre que des énergies profondément enfouies dans son psychisme sont en train d'évoluer et qu'elles deviennent actives.

Le message n'intéresse pas un domaine précis mais annonce une évolution générale de tout son être.

● *Lorsqu'un amas de serpents s'agite et se noue*, dans un corps à corps parfois effrayant, le rêve annonce qu'un « nœud* » de tendances existe au sein du psychisme du rêveur et qu'il lui faut, afin d'éviter des ganglions psychologiques et des entrelacs d'angoisses, désagglomérer ses tendances et ses pulsions primitives.

● *Lorsqu'un serpent mord sa queue au point de former*

un cercle parfait, le rêveur saura que cet enroulement lui annonce l'union de toutes ses forces physiques, spirituelles et sexuelles pour le profit de créations exceptionnelles.

● *Lorsqu'un serpent surgit du silence et du noir* d'eaux troubles et qu'il crache son venin en se dressant comme un éclair*, le rêveur reçoit un avertissement ; il y a danger d'incommunicabilité entre son conscient et les couches les plus mystérieuses de son inconscient.

Le rêveur est menacé par des empoisonnements psychiques, des enlacements et des inquiétants étouffements puisqu'il a en lui des idées et des sentiments vénéneux, des pulsions si profondes qu'elles en sont indéfinissables.

● *Lorsqu'un rêveur trouve une peau* de serpent*, le message est à la métamorphose. Le rêveur va effectivement sortir de son enveloppe présente pour renaître à une autre vie plus conforme à sa destinée. Il y a dans ce type de rêve une annonce de renouveau dans tous les domaines de l'existence : affectif, professionnel, familial et surtout dans sa vie intérieure.

● *Si le serpent du rêve est coloré*, le rêveur doit associer aux premiers messages les interprétations des couleurs : un serpent rouge* orientera les présages dans la zone des passions, de la sexualité et des ambitions ; un serpent blanc* ou bleu* signifiera que l'esprit, la philosophie et le recueillement sont intéressés au détriment du matériel ; un serpent noir ressemble à la mort, il conseillera au rêveur de préparer sa « fin », soit sa mort psychique plus que physique.

● *Lorsqu'un serpent plutôt aimable se dresse comme en une érection*, la signification est d'origine sexuelle puisque le rêveur apprend que ses pulsions les plus enracinées dans les terres créatrices sont dardantes. Le serpent du rêve devient l'illustration d'une sexualité vibrante et souvent agressive.

● *Un serpent dormant, inoffensif*, presque domestique comme le chien ou le chat familier, présage que les forces instinctives du rêveur sont apparemment domestiquées. L'image indique qu'il a réussi à faire côtoyer harmonieusement ses différentes tendances.

● *Lorsque le serpent du rêve apparaît à l'instar d'un caducée, symbole de la médecine**, salvateur et bénéfique, le rêveur est assuré qu'il trouvera des «formules» psychologiques, dont certaines concernant sa sexualité, pour guérir son âme malade d'exister.

Serrure

La serrure du rêve est soit facile, soit système à combinaisons; dans les deux sens, elle demeure symbole d'ouverture à déverrouiller.

La serrure du rêve a pour un rêveur-homme une signification sexuelle*-féminine évidente. La clé* dont il est peut-être en possession, autre symbole sexuel masculin, lui permettra ou ne lui permettra pas de pénétrer dans la serrure-femme. Le message est donc à la satisfaction et à la puissance des instincts sexuels du rêveur.

● *Si d'aventure le rêveur n'a pas «la bonne clé»* ou si celle qu'il a en main «ne tourne pas bien», s'il lui arrive d'avoir besoin de défoncer la serrure... toutes ces images annoncent des déficiences et des faiblesses dans ses ambitions sexuelles.

● *Si la serrure du rêve est fort bien ciselée*, avec des gonds et des pièces ouvragées, le message suppose des érotisations et des recherches de sensations avec des personnages ayant un certain goût pour le luxe ou plutôt la luxure.

● *La serrure peut être de sûreté ou passe-partout* : le rêveur comprendra alors que l'objet de ses entreprises de «serrurerie» est fidèle et facile. C'est dans cette optique essentiellement sexuelle que le rêveur qui n'a pas ou qui a perdu sa clé sera prévenu qu'il a des problèmes d'impuissance.

● Le rêve informera avec humour le rêveur, *capable d'ouvrir toutes les serrures avec sa propre clé*, qu'il a une trop grande tendance au don juanisme. Il confirmera *à celui qui regarde par le trou d'une serrure*, qu'il a des inclinaisons au voyeurisme, sans parler d'attitudes sexuelles particulières.

Seuil

Toute porte* a un seuil que le rêveur doit franchir. Le seuil du rêve est toujours le commencement d'un commencement et le passage primordial entre deux mondes, l'un finissant, l'autre débutant.

Lorsque le rêveur se trouve au pied d'un seuil le message est à l'espoir d'une nouvelle vie. Mais encore faut-il qu'il puisse le franchir car, à défaut, il lui est annoncé des retards*.

● *Lorsqu'une paralysie gêne la démarche, qu'un mur* invisible semble exister, que la marche du seuil est si haute que le rêveur se sent nain...*, le rêve signale que des difficultés sont à envisager avant que le rêveur puisse aborder dans un autre système de vie, dans une nouvelle situation ou avant qu'il puisse vivre la nouvelle existence sentimentale qu'il espère.

● *Lorsque le rêveur franchit sans encombre le seuil*, le message est à l'espoir puisqu'une libre circulation lui est annoncée.

● Il est possible qu'avant de passer le seuil, *le rêveur soit contraint d'abandonner des bagages**, des documents. Le message est alors à la liquidation de vieilles choses, idées ou affections qui n'ont pas d'utilité dans l'autre monde ou de «l'autre côté de la barrière».

Que le rêveur réfléchisse à ces inutilités qui encombrent son psychisme et il pourra franchir le seuil d'une nouvelle connaissance, d'une existence ouverte sur des futurs libérés de refoulements, de tabous, de principes, de déchets et de tout le fatras des idées et des sentiments encombrants, pesants et superflus.

Sexe

Il n'y a, paraît-il, que les anges* qui n'ont pas de sexe, et pour cause : ils sont immortels, asexués et se reproduisent par quelque opération divine!

C'est pourquoi le théâtre des rêves, dans sa logique amorale — et non pas immorale — n'hésitera jamais à faire intervenir ce qu'il est convenu d'appeler des parties génitales pour signaler au rêveur qu'il se passe quelque chose d'important de ce côté-là de son anatomie psychique.

Les messages seront évidemment sexuels : soit des états de manque affectif ou sexuel compensés par quelques fornications oniriques, soit des préoccupations tout à fait légitimes de satisfactions sexuelles.

Cette partie du corps humain intéresse cependant aussi le processus de la création. Le merveilleux d'une naissance commence en des endroits que des tabous taisent. Aussi le théâtre des rêves, qui n'a cure des pudibonderies et des hypocrisies, mettra en lumière ces parties intimes du corps humain pour présager que des «paternités et maternités» sont possibles.

Sexualité

Voir *aiguille, amour, baiser, balai, ballon, castration, chambre, charrue, chapeau, chaussure, cheval, ciseau, coup, couteau, dent, égout, feu, fruit, gant, hôpital, jeu, labourage, langue, manège, médecin, nombre, métal, meuble, musique, nez, nombre, nudité, outil, pain, parapluie, porte, personnage : homme-femme, puits, sable, salle de bains, sein, serpent, serrure, seuil, sexe, tabac, taureau, vase.*

Singe

Il y a trop de ressemblances entre l'homme et le singe pour que le théâtre des rêves ne se serve pas de cet animal parfois doué de talent mais non d'esprit, pour expliquer au rêveur soit «qu'il est malin comme un singe» soit qu'il doit arrêter de «faire le singe».

● *Lorsqu'un singe plaisant, agile et doué apparaît*, le message est à l'optimisme : il demande au rêveur de laisser jouer en lui ses aptitudes mobiles et rusées. En un clin d'œil et en une pirouette, le rêve souhaite que le rêveur soit moins sérieux, moins pontifiant.

● *Lorsqu'un rêveur se voit vêtu en singe ou devenir singe*, il y a un avertissement. Il n'est pas bon que le rêveur soit un imitateur et qu'il singe l'animal car il risque de devenir une caricature de lui-même.

Soldat

Les rêves de soldats, qu'il y ait ou non une «vraie» guerre*, renseignent sur les moyens de défense du rêveur vis-à-vis de lui-même et de son entourage. Ce type de rêve a souvent comme accessoires des armes*, des uniformes* et tout un arsenal de bombes et de véhicules militaires.

● *Lorsqu'un rêveur se voit déguisé en soldat* «entouré de

poudre et de balles comme l'enfant grec aux yeux bleus» de Victor Hugo, le message est à une déclaration de guerre contre en ennemi qui semble être le rêveur lui-même. Le conseil est évident : il appartient au rêveur de s'équiper en guerrier afin de préparer sa paix intérieure qui se trouve compromise pour des motifs que les autres composantes du rêve dévoileront.

● *Lorsqu'un rêveur se voit refuser le métier des armes* ou qu'il est jugé inapte lors d'un conseil de révision, le rêve insiste sur un manque de préparation non seulement physique mais surtout psychologique.

● *Lorsque des soldats défilent au pas cadencé*, le rêveur saura que ses énergies sont prêtes à partir en guerre et qu'il lui faut assumer une fonction de chef.

Malgré les idées d'agressivité et de violence qui se développent autour des seuls mots d'armes et de soldats et les mauvaises suggestions d'animalité et de férocité qu'ils inspirent, le rêveur doit se souvenir que pour l'Antiquité et aussi les époques modernes, le métier des armes était et est le plus beau «qui soit» et que «l'homme en armes est le seul qui soit vraiment homme». C'est pourquoi le théâtre des rêves s'empare de cette illustration pour montrer du doigt les faiblesses et la couardise du rêveur qui refuse d'être soldat.

Soleil

La clé* du soleil est dans la conscience du rêveur : lorsqu'il apparaît à l'horizon d'un rêve, le message est à l'ensoleillement de l'univers de vie du rêveur. Celui-ci sortira des ténèbres et bénéficiera de toutes les énergies possibles.

● *Lorsqu'un rêveur contemple et se sent irradié par un soleil rayonnant*, le présage est à la fois à la force et à l'affirmation ; le rêveur est lui-même un soleil capable d'actions et de sentiments d'éclat, illuminé par des joies intérieures.

● *Si le rêveur voit un soleil sombre*, noyé de nuages et s'il pense qu'il n'y a plus « rien de neuf sous le soleil », il y a une dose de tristesse dans le présage.

● *Lorsque le soleil du rêve* est encore à sa naissance, le présage est à l'annonce d'un jour nouveau avec tout ce que cette image comporte de possibilités et d'espoirs lumineux ; le conseil est alors de vivre intensément puisque le rêveur « n'est pas fini », puisqu'il renaît.

Solitude

Le théâtre du rêve prévoit, sans aucune signification d'angoisse, qu'il n'y ait qu'un spectateur et qu'un acteur : le rêveur. La magie onirique permet une superposition de toutes les fonctions sur une seule personne copiant en cela un phénomène de trinité. Or, le rêveur peut ressentir avec inquiétude des sentiments de solitude.

Tout est donc, non pas au niveau de la foule du rêve, mais dans l'esprit du rêveur ; comme cela se passe d'ailleurs dans la vie éveillée.

● *Lorsqu'un rêveur se voit et se sent seul*, qu'il recherche une marque de communication, un geste d'amitié ou de collaboration, le message est à une solitude de l'âme. Le rêveur devra comprendre que malgré ses mondanités extérieures et ses nombreuses relations, il est psychiquement seul et le rêve a pour but de lui signaler cette détresse qu'il n'ose peut-être ni s'avouer ni accepter.

● Etre seul n'est pas être isolé et le rêve fera très bien la différence. Ainsi, *lorsqu'un rêveur se promènera seul mais heureux de l'être*, par exemple le long d'une plage, il ne sera pas touché par ce sentiment pénible d'être isolé.

Il y a des solitaires heureux mais, lorsque l'impression de solitude s'associe à une angoisse d'être mal aimé, il y a un danger et un avertissement. Il faut, dans un tel rêve, que le rêveur fasse des efforts pour arrêter la croissance de tendances par trop autistiques.

● *Lorsqu'un rêveur ressent le besoin d'être seul*, le message est au recueillement : il doit quitter le monde un certain temps afin de se retrouver lui-même et de dialoguer avec lui-même.

Sommeil

Il peut paraître étonnant qu'un rêveur ait sommeil puisqu'il dort! Et pourtant l'âme, indépendamment du corps, peut elle aussi avoir besoin de se reposer ; c'est ce que le rêve du sommeil indique lorsque les yeux du rêveur se ferment de fatigue, que ses membres sont lourds et pesants, et que tout son être se traîne dans un état de langueur plus que monotone.

Un tel rêve indique au rêveur soit que son psychisme en a assez de passer des nuits* blanches en tournant et retournant des idées et des sentiments obsédants, soit qu'il vit un peu trop en bâillant, ce qui peut être préjudiciable à sa progression.

Source

L'eau* naît en une source et cet endroit, si minuscule soit-il, annonce la vie, la mobilité et l'écoulement vers l'eau première originelle et mère de toutes choses.

● *Un rêveur qui se trouve près d'une source limpide* reçoit un message merveilleux de jouvence. Le rêve lui présage des idées vives et des sentiments jaillissants.

● *Lorsque la source est tarie* ou que seul un mince filet d'une eau jaunâtre s'écoule, le rêveur reçoit le conseil de reconstituer ses énergies ou de réfléchir à quelques solutions de résurgence.

● *Si l'eau de la source est bouillonnante*, chaude jusqu'à en être brûlante, des passions neuves sont à présumer ; à quelque temps du rêve de la source, le rêveur sera emporté par une eau encore souterraine mais déjà sulfureuse de bouillonnements passionnels.

● *Il peut arriver qu'un rêveur soit invité à « remonter à la source »* ; il devra alors s'appliquer à retrouver dans ses origines et ses années d'enfance des informations qui lui permettront de mieux préparer et vivre son futur.

Souris

Voir *rat*.

Sous-sol

Le sous-sol du rêve est plus proche du souterrain des châteaux d'antan que de la cave* où s'entassent des objets inutilisables et des denrées non périssables.

Les résidences du 20e siècle ont des sous-sols vastes aux lumières en clair-obscur ; les pas y résonnent dans un silence de béton et des couloirs vides avancent à angles droits. Des sentiments diffus d'inquiétude, d'emprisonnement et de manque de vie, oppressent alors le rêveur qui s'y promène.

A l'instant où l'idée d'un sous-sol apparaît, marquant une position « en bas » par rapport à ce qui est « en haut », le rêveur doit canaliser ses réflexions sur tout ce qui est caché et en-dessous du monde du visible.

● *Si la balade que le théâtre des rêves lui impose est exempte de trop fortes angoisses*, le rêve est une invitation à fouiller les couches souterraines de son inconscient afin de mieux connaître le dédale des instincts et des tendances qui s'y croisent et s'enchevêtrent.

● *Lorsque le rêveur se perd dans le sous-sol du rêve*, le message est de ne pas se perdre dans des profondeurs de pensées et de sentiments qui ressemblent à des vides et à ne pas s'égarer dans des basses-fosses d'instincts inquiétants et mal éclairés.

Sphère

Voir *ballon*.

Sport

Il est certain qu'un rêveur préoccupé par une promesse sportive rêvera de résultats et d'activités physiques, et il n'est pas impossible que des messages prémonitoires de réussite ou de défaite soient donnés.

Mais si un rêveur nullement intéressé par le sport se voit sur un terrain en train de se fatiguer dans des épreuves, championnats et autres tournois, les messages sont directement en liaison avec ses qualités de stimulation, d'énergie et de combativité.

Selon qu'il sera vaincu ou vainqueur, le rêveur aura à comprendre que ses efforts physiques sont soit insuffisants soit, au contraire, suffisants pour lui permettre d'être son leader au classement de ses activités.

● *Il peut être indiqué au rêveur d'avoir à faire partie d'une équipe*, d'un club, d'être en possession d'une carte de membre d'une association. Il est dans ce cas suggéré au rêveur d'être plus coopérant et moins personnel dans ses projets.

● *Lorsqu'un rêveur est mal équipé* ou affublé de vêtements qui ne correspondent pas au sport pratiqué, le rêve lui montre qu'il est effectivement mal équipé pour le type de vie qu'il mène et qu'il lui faut changer de tenue professionnelle, affective et même physique afin d'être performant et de se démarquer.

Pour le rêve, le sport est une autre manière de faire la guerre* et d'être un gagnant ; la différence réside dans une idée de fair-play et d'acceptation d'une défaite loyale ; ce sont donc sur ces deux points que le rêve insiste en choisissant le sport et non la guerre, ce que le rêveur devra d'autorité comprendre comme un compliment.

Sud

Voir *nord-sud.*

Sueur

La transpiration du rêve est à la fois un phénomène physique inhérent à un état fiévreux, à des malaises corporels, qui accompagnent les crises d'angoisse et de dépression mais également un mécanisme de purification ; les saunas ont cette utilité.

● *Lorsqu'indépendamment d'une maladie, un rêveur se sent recouvert de sueur*, qu'il « transpire sang et eau » le message est d'analyser ce qui provoque cette sueur : est-ce un sentiment ennuyeux, une situation dégageant de la fatigue, des idées sécrétant de la fébrilité… ?

● *Il n'est pas mauvais qu'un rêveur se sente « suer un bon coup »*, dégoulinant de sueur puis sec et propre ; après coup, le message annonce une libération de toxines psychiques et le rêveur sera purifié d'impuretés en tout genre.

Tabac

Sans insister sur les formes de la cigarette, du cigare et de la pipe, qui contiennent, aidées des autres composantes du rêve, une interprétation sexuelle* et, plus spécialement en ce qui concerne le cigare, des enseignements sur le stade oral du rêveur, le tabac du rêve possède un symbolisme lié au souffle et à la légèreté.

● *Lorsqu'un rêveur souffle des volutes de tabac*, qu'il fait des ronds, le message est à l'inanité de ses opérations mentales. Le tabac est alors l'indice d'une frivolité d'existence.

● *S'il se sent intoxiqué*, empoisonné, par des nuages de tabac, le conseil est de changer d'air psychiquement parlant.

● *Lorsqu'un rêveur se trouve heureux de fumer*, le moment est à l'affectivité, à un doux abandon ; peut-être y-a-t-il le présage d'un sentiment léger qui, sitôt exprimé, partira en fumée comme certaines espérances et certains projets.

Table

Voir *aliments*.

Tache

Les petites taches de boue, d'huile, de gras, toutes les mouchetures ou éclaboussures du rêve semblent anodines et pourtant elles parlent un langage symbolique fort intéressant pour qui se souvient de l'étymologie du mot. En effet, une tache est l'équivalent d'une signature, car elle définit le caractère de la personne qui la porte. Souvenons-nous de la tache originelle qui « attache » selon les *livres sacrés* tous les hommes au pilori des souffrances et des angoisses éternelles.

● *Lorsqu'un rêveur se voit taché*, il lui faut vérifier avec les autres composantes du rêve, quelles sont les origines des marques ; selon qu'il s'agit de taches d'herbe, de boue ou d'excréments, les interprétations parleront de détériorations et de bavures dans les fonctions conscientes, inconscientes ou matérielles.

Le rêveur doit également positionner la tache en question. Il ne lui suffit pas de dire comme Hamlet « Disparais, tache maudite ! » pour être rassuré. Il lui est nécessaire de compléter le message de cette anomalie de propreté par celui de l'emplacement de la souillure : est-ce le corps, l'âme, l'esprit, le cœur... ?

Le rêve disposera la tache en plein cœur* pour enseigner au rêveur que quelques-unes de ses affections sont impures. Il lui donnera des rougeurs ou des lentigos sur le front pour lui montrer que le domaine de ses idées est barbouillé...

Talisman

Voir *ceinture, cristal, œil.*

Talon

Le rêve de talons dans une interprétation simple indique au rêveur qu'il ne doit pas les tourner s'il veut continuer sa progression. Cependant, il ne doit pas oublier que son talon est, comme ce le fut pour *Achille*, le seul endroit où il peut être blessé ; cette image le préviendra d'éventuels péchés d'orgueil et de sentiments d'invincibilité.

Taupe

La taupe du rêve, comme le faisait le guérisseur grec *Asklépios* qu'on appelait le dieu-taupe, vit dans le noir mais n'est pas aveugle. Lorsque ce petit mammifère, myope, fouisseur et jouisseur d'insectes, architecte en galeries souterraines, apparaît dans un rêve, le message n'est pas triste, ni obscur ; il invite le rêveur à fouiller dans l'obscurité de ses instincts afin d'y voir clair dans le labyrinthe de ses pulsions et de ses angoisses sub-psychiques.

La taupe du rêve peut également indiquer au rêveur que, malgré une apparente myopie psychique, il est doué de clairvoyance ; le conseil lui est alors donné de creuser plus avant ses aptitudes pour la psychologie des profondeurs.

Taureau

Ruminant, reproducteur, fort et obstiné, le taureau du rêve image le mâle impérial, impétueux et fertilisateur obtus.

Lorsqu'un taureau montre ses cornes dans un rêve, une interprétation à base de sexualité* s'impose. Le rêveur est prié de calmer des instincts, par trop puissants et déchaînés. L'excitation de la bête face à la couleur rouge* accentue l'idée de nervosité et d'irritabilité à fleur de peau.

Enfin, cet animal super-mâle invite le rêveur à ne pas disperser à tous vents sa semence symbolique de richesse et de travaux.

Téléphone

Moyen moderne de communication, le téléphone a remplacé les tam-tam primitifs et autres dispositifs qui permettent de transmettre des messages. Comme dans les rêves de lettres*, le téléphone fait intervenir une idée de suspense et de recherches : qui est au bout du fil, qui est dans l'annuaire, pourquoi le numéro ne répond-il pas?

De plus, le téléphone, malgré qu'il soit sans fil, possède un cordon* qui est symbolique d'un attachement au monde, d'un lien avec «les autres», d'où une suggestion pour le rêveur qu'il ne doit pas se détacher de tout ce qui représente la collectivité humaine.

● *Lorsqu'il y a un problème de téléphone pour le rêveur*, le rêve lui signale que quelque chose est déréglé dans ses possibilités de communication, aussi bien affectives, lorsque la personne souhaitée est un être cher, que professionnelles, lorsque celle-ci fait partie de son monde de travail.

● *Lorsque le rêveur ne peut entrer en contact avec lui-même*, le téléphone du rêve sonnera «occupé» ou sera «aux abonnés absents». Et le message sera alors à l'analyse de ce qui empêche les liaisons : refus de s'accepter ou indisposition psychique avec une recherche excessive de solitude intérieure.

● *Lorsqu'un rêveur est près de son téléphone*, en attente d'un appel, le rêve indique que le psychisme a des informations à donner et à recevoir afin que des problèmes soient résolus.

Terre

«Il y a plus de choses dans le ciel et sur la terre que n'en rêve votre philosophie». Ainsi parle *Hamlet*. Alors que dire de la terre du rêve ! Ses enseignements, comme ceux du ciel* et de l'eau*, sont essentiels pour que le rêveur apprenne à mieux vivre sur la terre, à mieux profiter de ses biens et, enfin, à la quitter en toute sérénité.

Lorsque l'éclairage du théâtre des rêves est mis sur l'élément terre, soit des images de labour*, de terrassements, de matière-terre, le message est, pour le rêveur, d'accepter les servitudes et les joies terrestres de la vie et de vivre plus proche des petites matérialités de l'existence ; en deux mots, « d'avoir les pieds sur la terre ».

● *Si la terre du rêve se dérobe, si elle n'est plus arable, ou solide à bâtir*, le présage est à l'épuisement d'une certaine partie des forces physiques et psychiques du rêveur puisque le symbole de fécondité de la terre ne s'arrête pas au seul plan de la matière cultivable.

● *Lorsqu'un rêveur voit une terre grasse*, passivement prête à être ensemencée, le message est à la fécondité et à la richesse de résultats.

● *Lorsqu'il se sent entouré par une terre nourricière, verte, et ensoleillée*, l'annonce est radieuse comme une part de paradis terrestre.

S'il est indiqué au rêveur que pour arriver à cet eden, il lui faut attendre un certain temps au seuil du jardin*, qu'il lui faut défricher pour progresser, le message est toujours à l'espoir tant il est vrai qu'une « terre promise est toujours de l'autre côté du désert* ».

Tête

Dans la trilogie tête, cœur, jambes, chacun de ces éléments illustre de par son évident positionnement, les trois fonctions essentielles de l'être humain soit ses démarches de l'esprit, le fonctionnement de ses sentiments et sa progression concrète, voire physique.

C'est ainsi qu'un rêve fixant son éclairage sur cette extrémité supérieure du corps humain, informe le rêveur qu'il se passe quelque chose d'important dans la sphère pensée, esprit, imagination, jugement...

● *Lorsqu'un rêveur se voit avec «une grosse tête»*, le message est à la prudence ; il lui faut calmer tout le circuit de son cérébral qui se trouve trop excité.

● *S'il «se casse la tête contre un mur»*, le message est qu'il surveille ses fatigues intellectuelles.

● De nombreuses locutions illustrent les humeurs, les faiblesses ou les qualités de la tête du rêveur : «*se sentir une mauvaise tête*», «*avoir la tête dure*»..., elles utilisent des adjectifs réalistes que le rêveur ne doit pas prendre à la lettre mais «à l'image», avec toujours, sous-jacent, un présage d'activités, de recherche de perfection et de détachement d'une extrême matérialité.

Théâtre

Voir *scène, ville.*

Tigre

Lorsque ce félin apparaît en rêve, le rêveur se trouve confronté avec les aspects les plus primitivement puissants et les plus aveuglément féroces de ses instincts.

● *Si le tigre du rêve est dompté*, le message est plus rassurant : le rêveur saura qu'il a réussi à dompter les pulsions animales de son psychisme. Mais attention cependant aux imprévisibles réveils des forces félines ! Le conseil est aussi à la prudence et à la maîtrise de ses moindres emportements.

Tombe

La tombe du rêve est la sépulture des espérances et des désirs du rêveur. Lorsqu'une pierre tombale apparaît, le rêveur doit réfléchir aux «ci-gît» qui se trouvent inhumés et qui reposent en terre. Selon les autres pièces du puzzle du rêve, le rêveur définira s'il s'agit de sentiments défunts ou de projets funèbres. De plus, la lecture des plaques de marbre, les sculptures de gisants, et les épitaphes lui permettront peut-être de savoir qui est mort en lui.

● Il n'est pas impossible *qu'un rêveur voie son propre nom sur la tombe*. Dans ce cas, il lui faudra comprendre qu'il est temps pour lui de mourir afin de renaître dans un autre système de vie car toutes les tombes du rêve ne sont pas à perpétuité !

Qu'il s'agisse d'un somptueux mausolée ou d'une simple croix de bois, d'une pyramide ou d'un tas de cailloux, la tombe du rêve possède également une signification rassurante. Le sommeil éternel proposé par la tombe du rêve a quelque chose de maternel puisque dans son symbolisme, la mère* est à la fois naissance* et obscurité, douceur et punition, vie et non-vie.

Tonnerre

Le tonnerre est la voix tapageuse du ciel*. Lorsqu'elle se fait entendre dans un rêve, le rêveur doit savoir que «ce qui est en haut» a des messages importants et lourds de conséquences à lui donner, à moins qu'il ne s'agisse plutôt de manifester quelque courroux.

Quoi qu'il en soit, le tonnerre du rêve signale des perturbations et des orages* dans le psychisme du rêveur, notamment au niveau des idées et de tout ce qui gravite dans la zone supérieure. C'est pourquoi il est conseillé au rêveur de réfléchir à ce qui est «électrique» dans ses façons de penser et de calmer la furie des idées qui s'agitent en obsession.

Il existe de bonnes tempêtes annonciatrices de grands changements lorsque le tonnerre n'est pas dans la tête du rêveur; dans ce cas, celui-ci se sentira maître de l'orage du rêve et le message est à la domination et à la réussite de ses projets.

Tortue

Pourquoi nos ancêtres ont-ils donné à ce reptile carapaçonné qui porte sa maison, le nom de tortue? Remarquons au passage que le mot tortue — qui signifie «qui vient du Tartare», c'est-à-dire des enfers — n'a rien à voir avec l'adjectif tortueux.

Lorsque cet animal apparaît au détour d'un rêve, le message est effectivement infernal puisqu'il touche à la vie et à la mort* du rêveur. Il ne s'agit pas d'une disparition physique mais d'une transformation psychique. La tortue, à la coquille ronde comme l'univers, au ventre plat comme la terre*, lente comme le temps qui passe, à la fois aquatique et terrestre... est ainsi un accessoire irremplaçable du symbolisme des rêves. Et c'est pourquoi elle présage toute une collection de métamorphoses qui se terminent par l'obtention d'un état de concentration et de paix intérieure.

Train

Voir *autobus, automobile, bagage, retard.*

Tremblement de terre

Le tremblement de terre du rêve renseigne sur les

composantes matérielles et sexuelles du psychisme du rêveur comme le tonnerre* le fait pour les composantes intellectuelles.

Dans un tel rêve, le message est au bouleversement et aux engloutissements. Comme le plan concerné par l'image du rêve est celui «d'en bas», là où s'entrecroisent, s'enchevêtrent et s'agitent les instincts de toute famille, le rêveur saura qu'il lui faut prendre des précautions pour ne pas être enseveli par des appétits et des animalités trop excessives.

Trésor

Il est certain que le trésor du rêve cache quelque chose! Le rêveur, s'il trouve un magot, aura à vérifier son contenu.

● *Peut-être n'y aura-t-il que de la poussière*, des croûtons de pains ou des bibelots hétéroclites*. Dans ce cas, le message est éloquent dans sa pauvreté; le rêveur accumule les vieilleries et perd son temps à épargner des vétilles.

● *Si le trésor est composé de pièces d'or* et de bijoux*, le présage est fabuleux; le rêveur doit comprendre que, s'il cherche bien dans le tréfonds de son psychisme et dans les recoins de ses capacités, il trouvera effectivement une certaine fortune. Et il n'est pas exclu que son trésor soit un être aimé que le rêve lui désigne par cette image.

Le trésor du rêve a une couleur de finances, or là n'est pas le propos du songe qui utilise cette image davantage pour expliquer les choses cachées et enfouies à l'intérieur de l'âme humaine que pour détailler ses réserves comptables. C'est pourquoi, le rêveur ne devra pas y rechercher une assurance d'argent et de fortune mais des ressources psychiques et affectives.

Tribunal

Les jugements du tribunal des rêves sont sans appel. Ils condamnent le rêveur avec un froid réalisme, selon les fautes que son âme a commises ou commettra. C'est ainsi que l'inconscient se juge lui-même.

● *Lorsqu'un rêveur est assigné à comparaître devant un tribunal*, le message est sérieux ; quelle faute a-t-il commise qui l'expose à un châtiment ? A-t-il gaspillé son énergie, menti sur ses sentiments, failli à des obligations morales ? S'est-il montré orgueilleux, médisant ? Toutes les actions et tous les sentiments du rêveur sont ainsi passibles de plaidoiries et de jugements, s'ils sont en faute.

● *Lorsqu'un rêveur se voit condamné* — et qu'importe la teneur des condamnations — à être emprisonné, envoyé en exil dans un monde inconnu, noyé, pendu, décapité..., le message est fort significatif d'une peine à encourir ; les temps à venir seront alors angoissants, tourmentants de problèmes à résoudre et d'attente indéterminée. Par contre, *si le rêveur est relaxé*, l'annonce est à l'espoir mais « qu'il n'y revienne plus » !

Le théâtre des rêves use d'une procédure tolérante car les condamnations ne sont jamais effectives et le rêveur ne se réveille pas avec des menottes aux poignets. Il semble que le rêve ait besoin de guérir et non de sévir ; c'est pourquoi, lorsqu'un rêveur se retrouve en prison, la condamnation est certes désagréable mais elle est assortie de liberté conditionnelle systématique.

Il restera au rêveur à se faire lui-même amende honorable en expertisant en toute lucidité ses sentiments, ses idées, afin qu'il ne soit plus coupable de tricheries, d'intolérance et de vices cachés.

Trône

Le seigneur *Michel de Montaigne*, homme de lettres cultivé s'il en fut, écrivit un jour cette pensée dans laquelle le réalisme l'emporte sur la poésie « Au plus élevé du monde, néanmoins ne sommes assis que sur notre cul ». Tout est dit en cette phrase.

Lorsqu'un rêve de trône apparaît et que le rêveur prend plaisir à s'y asseoir avec une somptuosité déplacée, qu'il médite cette réflexion !

Par contre, si l'ambiance du rêve n'est pas, par ailleurs, défavorable, le trône peut indiquer au rêveur qu'il a droit à une situation plus élevée que celle qu'il occupe présentement et le message est alors à l'espérance d'honneurs et de réussites pouvant être exceptionnelles.

Uniforme

Il y a une idée de banalisation dans le rêve d'uniforme. *Procuste*, ce brigand fou de la mythologie, qui étirait ses victimes pour qu'elles aient toutes la même longueur, en coupant éventuellement ce qui dépassait, symbolise ce même souci de banaliser les êtres humains.

Lorsqu'un rêveur *porte un uniforme*, il reçoit deux messages : le premier est une recherche inconsciente d'appartenir à un clan, à une espèce, d'où l'indication d'une difficulté à s'assumer seul et à être authentique sans le secours des autres. Le deuxième message est au niveau de la fonction et du grade que l'uniforme visualise.

● *Lorsqu'un rêveur porte un uniforme d'officier alors qu'il n'est que caporal*, le rêve lui permet de compenser des sentiments d'infériorité.

L'uniforme du rêve lui dit alors : « Tu voudrais bien être officier supérieur ; peut-être en as-tu l'étoffe, mais pour l'instant tu n'es qu'un petit sous-chef... ! »

● *Lorsqu'un rêveur porte un uniforme qui le dégrade*, il doit réfléchir à ce qui est dégradant dans sa vie tant extérieure et de tous les jours, qu'intérieure et profondément psychique.

Le rêve est un avertissement qu'il est beaucoup moins «gradé» qu'il ne le pense et que, même s'il porte des médailles et des dorures qui en imposent, il n'en est pas moins petit subalterne aux yeux lucides de son inconscient.

Urine

Ce type de rêve appartient à la famille des exréments* et autres extériorisations qui pour être d'un réalisme grossier n'en sont pas moins d'un symbolisme précieux et nullement choquant.

● Mis à part une exigence physique, le régisseur des rêves est un éminent linguiste *lorsqu'il impose au rêveur un besoin d'uriner*. En effet, il utilise l'étymologie latine du mot (*aurum* — or*), en raison de la couleur de l'urine, pour indiquer au rêveur qu'il est en train de «faire de l'or»; en d'autres termes, qu'il crée, produit, élabore en une alchimie physique des produits et des matériaux ayant une très grande valeur.

Le message est ainsi à l'espérance et à la réussite de ses projets quels qu'ils soient, professionnels, financiers, sentimentaux.

● *Lorsque le rêveur ne peut uriner* pour de multiples raisons — présence de personnes, gêne vestimentaire, difficultés physiques — le message est à la patience. Des résultats viendront mais le rêveur a des efforts à fournir, des opportunités à trouver et des pudeurs à taire.

● *Un rêveur qui urine délibérément devant une personne* fait ce qu'il n'ose certainement pas faire dans la vie, soit manifester un mépris bien visible. Le rêve est alors un phénomène de compensation qui délivrera le rêveur de son souhait de souiller un personnage haï.

Une explication érotico-exhibitionniste peut également être donnée à l'apparition du geste d'uriner. En effet, selon les ambiances du rêve, les états d'esprit, de cœur et de corps du rêveur, et celui-ci saura très bien faire les différences de messages, à moins qu'il ne soit également hypocrite avec lui-même, ce rêve exhibitionniste avoue des tendances au voyeurisme.

Usine

Les énergies psychiques d'un rêveur, toutes ses forces actives ou en puissance de l'être, peuvent apparaître dans des rêves de centrales électriques et d'établissements industriels où se fabriquent, se conservent et se réparent tous types d'énergies.

Lorsqu'un rêve invite un rêveur à passer ou à s'arrêter dans quelque salle où clignotent des lumières*, où des aiguilles bougent sur des cadrans, où des courroies se croisent dans des enchevêtrements compliqués, où tournent des machines-outils*, le message est à la préparation et à l'entretien des énergies du rêveur.

Vase

Les récipients au corps d'amphore, pouvant contenir des liquides simples ou riches, des bouquets ou du parfum, sont féminins par forme et par symbole. C'est pourquoi, à l'instant où un vase apparaît dans un rêve, un message sexuel* «au féminin» est donné au rêveur. Il peut s'agir d'une préoccupation érotique et sensuelle, ou encore d'un souvenir-obsession de la période d'avant la naissance.

● *Lorsque le vase du rêve est brisé*, le conseil est donné au rêveur de couper symboliquement le cordon ombilical qui le relie à une époque « maternelle » ; à moins que le rêve présage que les relations féminines qu'il peut avoir seront rompues, ce rêve étant notamment celui des rêveurs-hommes qui s'obstinent à aimer une partenaire dont les sentiments amoureux sont fragmentés.

Le rêveur devra d'abord se souvenir que le vase du rêve a d'abord une fonction de récipient, et qu'importe ses formes, ses dimensions, ses utilités. Il est informé par le truchement d'un tel rêve qu'il a un rôle à jouer, un devoir à accomplir. Le vase est un récipiendaire en instance de recevoir « quelque chose » du rêveur et la question est : que peut apporter le rêveur ? De quelle substance dispose-t-il pour remplir le vase du rêve ?

L'interprétation sexuelle est évidente mais elle n'est pas la seule ; le rêveur peut avoir d'autres énergies, d'autres ressources que l'observation des ambiances du rêve définiront d'une manière plus détaillée.

Vent

Voir *air*.

Ventre

Voir *accouchement, baleine*.

Ver

Voir *fruit*.

Vert

Vert est le ton des rêves qui annoncent qu'un temps «primavera» est en train de naître dans l'existence de rêveur.

La couleur verte et l'espoir ont paraît-il les mêmes vibrations composées de bleu* céleste et de jaune* solaire. Il n'est donc pas étonnant qu'elle prédomine dans un rêve lorsque le message est à l'amitié et à la tranquillité.

Vieillesse

Lorsque des personnes âgées apparaissent dans le rêve, elles ont de sages messages à communiquer au rêveur. Leur expérience «d'anciens», leur âge indéterminé, car les vieux et vieilles des rêves sont sans âge, leur donnent une connaissance importante de l'âme humaine. Ils sont les «pater familias» des tribus primitives, obéis et vénérés.

Il est conseillé au rêveur d'écouter leurs paroles et de reconnaître leurs silhouettes et leur visage afin de comprendre leur enseignement. Telle grand-mère indiquera au rêveur qu'il doit retrouver son âme d'enfant*, tel grand-père lui rappellera qu'il exerçait une profession qui pourrait bien être celle qui lui conviendrait, telle petite vieille lui signalera par son humble présence qu'il ne doit pas oublier ses origines modestes...

● *Lorsqu'un rêveur se voit vieux avant l'âge sans pour autant être plus sage*, il doit réfléchir aux motifs de ce vieillissement prématuré. Un examen d'inconscience lui apprendra que ce sont peut-être des sentiments amoureux* qui sont usés et blanchis à moins que ce ne soit son psychisme complet qui vive déjà en arrière-saison, le conseil, même s'il n'est pas implicitement formulé, est donné de laisser les vieilles choses de l'hiver et de s'occuper du printemps de quelques nouvelles idées et de quelques sentiments neufs.

● *L'apparition du symbole vieillesse lorsque l'ambiance du rêve est seraine* et que le rêveur se sent comme à l'écoute de messages essentiels, indique qu'il est temps de savoir vieillir ou mieux d'apprendre à rester jeune en prenant de l'âge. Il s'agit, comme le dit le poète, de « mourir jeune ».

● *Le vieux ou la vieille du rêve peuvent apparaître édentés, ratatinés et grinçants d'un petit rire cruel.* Le rêve met alors l'accent sur les mauvais aspects de la vieillesse qui n'est plus symbole de sagesse mais de décrépitude.

Le rêveur saura qu'il devra surveiller certaines de ses tendances par trop « marâtres ou parâtres » car le rêve sait, dans son absolu savoir du présent, du passé et du futur de l'âme humaine, que les intervalles entre les états de jeunesse, d'adulte et de vieillesse sont très souvent difficiles à assumer.

Ville

Les grandes villes, dont Paris, Bruxelles et autres capitales, sont des décors fréquents pour le théâtre des rêves. Elles sont le symbole de la vie, des affaires, de la centralisation des énergies, du monde des loisirs et de la culture avec ses musées et ses théâtres. Elles sont aussi l'anonymat et le grouillement des foules qui se croisent sans se voir.

Lorsque le rêveur se voit, en rêve, dans une grande ville, il peut s'agir de rappel de voyages faits ou à faire, de préoccupations présentes : papiers*, dossiers, procès, examens, rencontres affectives, et mille événements de la vie.

Mais la ville peut aussi être le symbole de l'avancement, des promotions ; le rêveur est installé en ville parce que son psychisme doit quitter la province, par conséquent ne pas rester statique dans des situations toutes faites, trop bourgeoises et bien établies.

La ville est alors pour le rêve le symbole d'une guerre* à gagner, d'une ambition supérieure à réaliser. Il y a du Rastignac dans un tel songe!

Vin

Voir *alcool, boisson, cave, coupe.*

Voleur

Qui sont les cambrioleurs du rêve et que viennent-ils voler? La question est angoissante et des réponses peuvent être données par les voleurs eux-mêmes mais aussi par l'examen de ce qu'ils volent.

Le rêve de cambrioleur annonce d'une manière générale un danger sournois, une présence invisible «qui vous veut du mal».

Le rêveur doit réfléchir à ces voleurs qui forcent les portes* de son conscient, surgissent de l'ombre de son inconscient et emportent tous ces objets étranges, utiles et inutiles qu'il entasse avec soin dans sa mémoire comme on range une armoire*.

Le rêve de cambrioleur avertit le rêveur qu'il lui manquera quelque chose s'il continue à vivre et à agir comme il le fait; un état de manque est annoncé et toute la conclusion du rêve se trouve dans le refus ou non du rêveur d'être cambriolable.

Voyage

Voir *bagage, île.*

Index complémentaire

Les chiffres en gras renvoient au texte ayant le mot-clé pour sujet principal.

IMPRIMÉ EN ESPAGNE PAR LIBERDÚPLEX (Barcelone)

pour le compte des
Nouvelles Éditions Marabout
D.L. Novembre 2008
ISBN : 978-2-501-05262-7
40.8844.9/04